LA BANDE DESSINÉE
UNE LITTÉRATURE GRAPHIQUE
Nouvelle édition

THIERRY GROENSTEEN

LES ESSENTIELS MILAN

Sommaire

Les mots suivis d'un astérisque (*) sont expliqués dans le glossaire.

LE ROYAUME DE L'IMAGINAIRE

Superman, le Marsupilami, Popeye ou Lucky Luke sont des personnages connus de tous. Bien que très différents les uns des autres, ils ont en commun de devoir leur naissance à quelques coups de crayon. La bande dessinée, ce moyen d'expression artisanal, qui combine les possibilités de l'écrit et de l'image, est capable de donner naissance à des univers consistants. L'imagination n'y trouve aucune limite, et son langage est compris de tous.

Progressivement réhabilitée depuis les années 1960, la bande dessinée connaît une période faste, caractérisée par une production pléthorique, un marché en forte croissance, l'internationalisation des échanges (avec la découverte du continent manga) et la conquête de nouveaux territoires de l'expression, grâce à une édition alternative composée de petites maisons très dynamiques. Il est regrettable que le grand public, mal informé de la diversité de la création, se fasse encore souvent du « neuvième art » une idée réductrice.

Cet ouvrage se propose de donner un aperçu de son riche patrimoine, présenté selon une perspective à la fois historique et esthétique. Il évalue aussi la situation de la bande dessinée dans le paysage culturel contemporain et au milieu du concert des médias. Les contraintes de cette collection nous obligent à restreindre une iconographie qu'un tel sujet fournit pourtant d'abondance. Mais c'est l'une des ambitions du livre que de donner envie d'en lire et d'en voir davantage, et de renvoyer le lecteur vers les albums.

*Lucky Luke -
Le Klondike.*

Les origines

La bande dessinée – qui ne s'appelle pas encore ainsi – naît, sous forme d'albums destinés aux adultes, au cours de la première moitié du XIXe siècle.

Une tradition diffuse

L'histoire du récit en images est très ancienne et concerne toutes les civilisations. Mais les supports accueillant des récits en séquences d'images ont longtemps été des plus hétérogènes : la liste va de la colonne Trajane (113 av. J.-C.) à la « tapisserie de Bayeux » (1066-1077), en passant par quantité de fresques, vitraux, chemins de croix, bas-reliefs, etc. L'histoire de l'art ne pouvait donc pas reconnaître dans la dimension narrative de ces œuvres le critère d'une discipline autonome au sein des arts visuels.

Victime de l'imprimerie

Dès le Moyen Âge, les manuscrits enluminés comportent quelquefois de véritables récits séquentiels, les images se partageant une même page. Bulles* de pensée, onomatopées*, lignes de mouvement, dessin caricatural : la presque totalité des composants de la bande dessinée existe déjà – mais les manuscrits ne sont ni imprimés, ni diffusés. Quand Gutenberg invente l'imprimerie moderne vers 1450, ce progrès entraîne une séparation durable entre l'écrit et le dessin, reproduits selon des techniques différentes.

De saintes origines

Les *Cantigas de Santa Maria*, composés en Espagne vers 1270, ressemblent à un véritable album de BD qui raconte, à raison de six cases par page, les miracles de la Vierge.

domaine français   les *comics*   aujourd'hui

Les cycles moraux de Hogarth

Pendant 350 ans, l'impression des images s'effectue selon le procédé de la gravure (sur cuivre ou sur bois). Le dessin fourni par l'artiste est généralement confié à un atelier et réinterprété par un artisan spécialisé. L'un des maîtres de la gravure est le peintre et caricaturiste anglais William Hogarth (1697-1764). Il est l'auteur de cycles développant la «carrière» d'un personnage en une dizaine de gravures. Son propos est moral et il compare ses personnages à des acteurs de théâtre.

Töpffer invente l'album

Écrivain, fils de peintre, maître de pension, le Genevois Rodolphe Töpffer (1799-1846) publie, à partir de 1833, les sept premiers véritables albums* de bande dessinée. Chacun de ces volumes raconte les mésaventures comiques d'un personnage imaginaire, souvent ridicule: Mr Jabot, Mr Vieux Bois, Mr Cryptogame ou encore le docteur Festus sont représentés près de 200 fois. Töpffer utilise une variante du procédé lithographique, breveté en 1800. Le texte est écrit à la main, la mise en page* souple et parfois inventive, l'action découpée de façon très dynamique, et l'humour omniprésent. Conscient d'inaugurer un nouveau mode d'expression (qu'il appelle la «littérature en estampes»), Töpffer s'en fait aussi le théoricien. Réédités chez Garnier en 1860, ses albums seront traduits dans toute l'Europe.

> «Les dessins, sans le texte, n'auraient qu'une signification obscure; le texte, sans les dessins, ne signifierait rien. Le tout ensemble forme une sorte de roman d'autant plus original qu'il ne ressemble pas mieux à un roman qu'à autre chose.»
> Töpffer (1837)

> La bande dessinée plonge ses racines dans une «préhistoire» fort lointaine, mais son histoire commence vraiment au XIXᵉ siècle, avec les albums de Töpffer.

Les histoires en images

Refusant d'utiliser la bulle* (procédé connu de longue date), la bande dessinée d'expression française place le texte sous l'image. Elle reste ainsi fidèle, pendant près d'un siècle, à la tradition du dessin légendé.

L'imagerie populaire

Le commerce des images populaires se développe en France à la fin du XVIIIe siècle. De nombreuses villes produisent de ces feuilles volantes coloriées, que les colporteurs vendent dans tout le pays. L'adoption de la lithographie permettra à l'imagerie Pellerin de surclasser ses concurrents et d'inonder le marché de ses «images d'Épinal». Scènes religieuses ou militaires, chansons et mythes populaires, contes de fées, tels sont les principaux thèmes traités, pour les adultes ou pour les enfants. Cette production décline à partir de 1880 et ne survit pas à la Première Guerre mondiale. Elle ne s'est jamais vraiment affranchie d'une conception illustrative de l'image, subordonnée au texte.

Les héritiers de Töpffer

Les premiers albums* imités de Töpffer paraissent de son vivant. En France, Cham est un disciple très fécond mais assez peu inspiré.

Une folie russe

L'Histoire dramatique, pittoresque et caricaturale de la Sainte Russie (1854) marque les adieux de Gustave Doré à la BD. C'est un feu d'artifice de pastiches, fausse érudition, jeux de mots, adresses au lecteur, mises en abyme, etc.

---

domaine français | les *comics* | aujourd'hui

Avant de devenir un photographe célèbre, Nadar (1820-1910) signe en 1848 une BD politique, *Môssieu Réac*. Le jeune Gustave Doré (1832-1883) publie aussi plusieurs albums, dont *Les Travaux d'Hercule* à l'âge de 15 ans! Avec ses *Mésaventures de M. Bêton*, Léonce Petit (1839-1884) est très fidèle à l'esprit du maître genevois.

La presse satirique

Entre 1880 et 1914, la bande dessinée rejoint le dessin d'humour au sommaire des revues satiriques pour adultes, comme *Le Chat noir* ou *Le Rire*. De Caran d'Ache à Émile Cohl en passant par Adolphe Willette, Louis Döes, Henri de Sta et Fernand Fau, toute une génération de dessinateurs cultive l'histoire drôle, fréquemment muette, en une ou quelques pages. Elle emprunte notamment à l'école allemande, celle des hebdomadaires satiriques «Fliegende Blätter» et des «Bilderbogen», où brille Wilhelm Busch (1832-1908), l'auteur de *Max und Moritz* (1865).

La vache!

Dans *Une vache qui regarde passer le train* de Caran d'Ache (1858-1909), la seule action tient dans le déplacement latéral des yeux du ruminant.

Christophe: le tournant

Le professeur Georges Colomb, dit Christophe (1856-1945), ne se consacre à la bande dessinée que de 1889 à 1905. Il publie chaque semaine dans *Le Petit Français illustré* d'Armand Colin les aventures de ses personnages, *La Famille Fenouillard*, *Le Savant Cosinus* ou encore *Le Sapeur Camember*. Christophe donne le coup d'envoi à la presse enfantine illustrée. Le support privilégié de la bande dessinée sera désormais, pour longtemps, le périodique, et non plus l'album.

La bande dessinée semble hésiter quant à son public et à son support, jusqu'à ce que Christophe, à la fin du XIXe siècle, en fasse une composante majeure de la presse enfantine.

Hergé

Avec *Tintin*, le Belge Georges Remi, dit Hergé (1907-1983), crée le classique par excellence de la bande dessinée européenne, et l'une des œuvres mythiques du xxe siècle.

Zig et Puce ouvrent la voie

Pour boucher un trou dans les pages du *Dimanche-Illustré*, Alain Saint-Ogan (1895-1974) improvise un couple contrasté. Zig, le grand efflanqué, et Puce, le petit gros, rêvent d'Amérique. Leurs aventures les entraîneront tout autour du monde, toujours accompagnés du pingouin Alfred, leur populaire mascotte. L'énorme succès de *Zig et Puce* permet à la bulle* (dont Saint-Ogan se sert à l'imitation des *comics* américains) de vaincre enfin les résistances du public français.

Hergé parle de son art

Soucieux de rigueur et de fluidité dans la narration, Hergé soulignait que « *la grande difficulté dans la bande dessinée, c'est de montrer exactement ce qui est nécessaire et suffisant pour l'intelligence du récit : rien de plus, rien de moins* ».

Reporter au *Petit Vingtième*

Comme Zig et Puce, Tintin sera un adolescent libre de toute attache familiale. Avec son chien Milou, il est envoyé en reportage par le *Petit Vingtième*. Hergé est le responsable de ce supplément pour la jeunesse du quotidien catholique conservateur *Le Vingtième Siècle*. Ce sédentaire voyage par procuration, envoyant son héros en Russie soviétique, au Congo, en Amérique, puis en Extrême-Orient. Les progrès du dessinateur sont foudroyants : il livre en 1934 son premier chef-d'œuvre, *Le Lotus bleu*.

Le temps de la propagande

Le 10 janvier 1929, Tintin prend le train pour le « pays des Soviets ». Épousant les idées de son patron, l'abbé Wallez, Hergé s'inspire du livre *Moscou sans voiles*, un pamphlet antisoviétique publié par l'ex-consul belge Joseph Douillet.

Le génie d'un auteur

Hergé porte à son point de perfection un style graphique (la fameuse « ligne claire ») d'une lisibilité extrême, et qui se fait oublier pour donner l'illusion de la réalité. Il parvient à un équilibre parfait entre le texte et le dessin. Il construit des scénarios amples (découpés parfois en deux albums* de 62 planches*), où il parvient à concilier la tension dramatique et le suspense avec l'humour. Il réunit autour de Tintin une « famille » de personnages pittoresques, acteurs d'une comédie humaine que domine la magnifique figure du capitaine Haddock.

Une œuvre universelle

Publiées d'abord en noir et blanc, puis en couleurs à partir de 1942, les aventures de Tintin ont été traduites dans le monde entier. Des objets comme la boîte de crabe aux pinces d'or, le fétiche arumbaya ou la fusée lunaire à damier rouge et blanc sont entrés dans l'imaginaire collectif. Philosophes, sémiologues, historiens, psychanalystes multiplient les dissertations savantes sur une œuvre qui semble contenir et résumer son siècle.

Le 3 mars 1983, la mort d'Hergé mettait un point final à une série de 23 albums. Épisode inachevé, *Tintin et l'Alph-Art* paraît en 1986.

Les générations d'illustrés

**Tout au long du XXᵉ siècle, chaque
génération de lecteurs aura ses « illustrés »
et se passionnera pour des personnages
à l'image de son époque.**

Annaïk Labornez, dite Bécassine

L'éditeur Arthème Fayard ouvre le bal avec *Le Bon
Vivant* (1899), *La Jeunesse illustrée* et *Les Belles Images*
(1904). Il publie notamment Benjamin Rabier
(1864-1939).

C'est en 1905 qu'apparaît *Bécassine*, dessinée
par Joseph Pinchon (1871-1953) dans *La Semaine
de Suzette*. Au service de la marquise de Grand-Air,
la petite servante pas très futée vivra le déclin
de l'aristocratie. Tout différents sont Ribouldingue,
Croquignol et Filochard, les fameux *Pieds Nickelés*
de Louis Forton (1879-1934), vedettes de *L'Épatant*
à partir de 1908. Les exploits de ces sympathiques filous
s'adressent aux lecteurs des couches plus populaires.

Mickey débarque !

Le lancement du *Journal de Mickey* par Paul Winkler
fait, en 1934, l'effet d'un coup de tonnerre dans
la presse illustrée. Les Français découvrent non
seulement les BD Disney, mais les meilleurs *comics*
américains, plus vivants, plus modernes et plus
diversifiés que la production française, encore bien
timide. Bientôt paraissent *Jumbo, Hurrah, Robinson,*

La presse populaire

Après la guerre, les jeunes Français lisaient aussi beaucoup
de BD en fascicules (les récits complets, tels *Fantax* de
Chott ou *Vigor* de Giordan) et de pockets dits « de gare »,
souvent d'origine italienne (*Akim* ou *Blek*).

---

domaine
français | les *comics* | aujourd'hui

L'Aventureux, Hop-là ! et d'autres titres où la BD étrangère (américaine surtout, mais aussi parfois italienne, anglaise, voire yougoslave) se taille la part du lion. Hachette publie *Bicot, Félix le chat* et *Mickey* en albums*.

Les journaux de l'après-guerre

La guerre réduit ces journaux au silence en 1942. Vica publie des albums collaborationnistes, et l'idéologie nazie inspire *Le Téméraire*. Edmond François Calvo transpose brillamment le conflit dans le règne animal : c'est *La bête est morte* (1944-1945). *Coq hardi*, animé par Marijac, et *Vaillant*, publié par le Parti communiste français, naissent de la Résistance. *Vaillant* publiera de grandes séries d'aventures, comme *Les Pionniers de l'espérance* de Poïvet et Lécureux – et plus tard (en 1970) *Corto Maltese* d'Hugo Pratt. La presse catholique (*Bayard, Cœurs vaillants*) complète l'offre d'une presse bientôt soumise à la loi du 16 juillet 1949 sur les publications destinées à la jeunesse.

> **À double tranchant**
>
> La loi de 1949, toujours en vigueur, entendait à la fois moraliser la presse enfantine et freiner l'importation des BD étrangères.

Tintin et *Spirou*

Les meilleurs journaux de BD européens des années 1950-1960 sont les deux hebdomadaires belges *Spirou* (lancé dès 1938) et *Tintin* (1946). Le premier cultive l'humour et la fantaisie, le second préfère l'aventure dramatique. Jijé (*Valhardi, Jerry Spring*), Franquin (*Spirou et Fantasio, Gaston*), Tillieux, Peyo, Morris, Roba et Will font les riches heures de *Spirou* ; Edgar P. Jacobs (*Blake et Mortimer*), Jacques Martin (*Alix*) et Paul Cuvelier (*Corentin*), celles de *Tintin*.

Soumise à la concurrence américaine, puis belge, insuffisamment soutenue par une politique d'albums presque inexistante, la bande dessinée française devra attendre la fin des années 1960 pour pleinement s'épanouir.

Les années *Pilote*

Pilote incarne une rupture dans l'histoire de la presse illustrée, et cristallise l'émergence d'une bande dessinée pour adultes. À la fin des années 1960, il atteint une qualité exceptionnelle.

Naissance de la bédéphilie

C'est à cette époque que naissent les premières associations de « bédéphiles* », le Celeg puis la Socerlid, qui publient des revues d'étude et des rééditions, montent des expositions, participent à l'organisation des premiers festivals.

Le journal d'Astérix

Lancé en 1959 avec le soutien de Radio-Luxembourg, l'hebdomadaire *Pilote* est initialement assez fidèle au « modèle belge ». René Goscinny, qui en deviendra bientôt le directeur, y rassemble progressivement les séries à succès dont il est le scénariste : *Lucky Luke*, dessiné par Morris, *Iznogoud* avec Tabary, et bien sûr *Astérix*, qu'il crée avec Albert Uderzo dans le premier numéro de *Pilote*. L'irréductible Gaulois et son copain Obélix suscitent vite un formidable engouement. À partir de 1965, chaque nouvel album* de cette série culte sera un événement éditorial. Différents niveaux de lecture permettent aux enfants et à leurs parents de l'apprécier.

Vignette extraite de *La Galère d'Obélix*, Goscinny et Uderzo.

domaine français | les *comics* | aujourd'hui

Un sommaire de rêve

À côté d'un classique comme le *Barbe-Rouge* de Charlier et Hubinon, *Valérian agent spatio-temporel* de Christin et Mézières incarne, avec le *Lieutenant Blueberry* de Charlier et Giraud, un renouveau du concept d'aventure, en dépassant le manichéisme traditionnel.

D'autres personnages mémorables sont ceux de *Philémon* de Fred, *Achille Talon* de Greg, le *Concombre masqué* de Mandryka, le *Grand Duduche* de Cabu ou encore *Lone Sloane* de Druillet. Gotlib, Bretécher, Reiser, Alexis sont aussi de la fête, et plus tard Bilal, F'Murr, Tardi et Régis Franc.

L'esprit de 1968

Les lecteurs de *Pilote* grandissent et l'hebdo « qui s'amuse à réfléchir » répond aux préoccupations des étudiants et des jeunes adultes. Avec le renfort de transfuges d'*Hara-Kiri* et de *Charlie Hebdo*, il commente l'actualité, caricature les stars (les *Grandes Gueules*), fait souffler un vent d'antimilitarisme (*Le Sergent Laterreur* de Touïs et Frydman).

La *Rubrique-à-brac* de Gotlib, avec sa liberté de ton et de sujets, contribue fortement à imposer l'idée d'une bande dessinée d'auteur. Entre 1968 et 1972, *Pilote* marque vraiment son époque.

La BD sur plusieurs fronts

D'autres journaux contribuent à l'évolution de la presse illustrée. Outre *Hara-Kiri* déjà cité (1960), l'éphémère *Chouchou* voit naître *Les Naufragés du temps* de Forest et Gillon, tandis que le même Jean-Claude Forest donne vie à *Barbarella* dans *V-Magazine* en 1962. En 1968, un film de Roger Vadim avec Jane Fonda consacrera la gloire de cette héroïne « libérée ». L'éditeur Éric Losfeld, de son côté, publie directement en albums plusieurs bandes dessinées pour adultes signées Cuvelier et Van Hamme (*Epoxy*), Nicolas Devil (*Saga de Xam*), Guido Crepax (*Valentina*) ou encore Guy Peellaert (*Jodelle, Pravda la survireuse*).

Dans les quotidiens

Les adultes découvrent aussi la bande dessinée dans la presse quotidienne. *France-Soir*, en particulier, accueille plusieurs créations, dont *Arabelle la dernière sirène* de Jean Ache (1950) ou *13 rue de l'Espoir* dessiné par Paul Gillon (1959).

Le social, le politique et le sexuel gagnent droit de cité dans la bande dessinée, qui élargit son public au moment où le « 9ᵉ art » est aussi culturellement relégitimé.

La presse adulte

Les mensuels ou trimestriels de BD pour adultes se multiplient dans les années 1970. Cette « nouvelle presse » autorise toutes les expériences et met le genre en effervescence.

Dessinatrice et star

Depuis 1973, Claire Bretécher a rejoint les pages du *Nouvel Observateur* où, des *Frustrés* à *Agrippine,* elle n'a cessé de tendre un miroir sans complaisance à ses contemporains.

L'éclectisme intelligent de *Charlie*

Dès 1969, le mensuel *Charlie* affiche sa différence en faisant le choix du noir et blanc. Son sommaire concilie les meilleurs *comic strips** américains (de *Peanuts* à *Li'l Abner*) avec les grands maîtres étrangers de la BD moderne (Crepax, Buzzelli, Jacovitti, Breccia, Muñoz) sans négliger les jeunes talents français. Sous la direction avisée de Wolinski, *Charlie* révèle notamment Francis Masse, véritable génie de l'absurde, Alex Barbier et les frères Varenne (*Ardeur*)…

L'Écho des savanes

Trois stars de *Pilote* quittent le journal de Goscinny pour fonder, en 1972, *L'Écho des savanes*. Gotlib, Bretécher et Mandryka y cultivent une expression plus personnelle et quelquefois provocatrice. Le scandale n'est pas étranger au succès foudroyant de *L'Écho*. Pour la première fois, une revue de BD porte la mention « réservé aux adultes ». Cet exemple sera imité : en 1975, Druillet et Moebius fondent, avec le jeune scénariste Jean-Pierre Dionnet, *Métal hurlant*.

Le jeune Chaland

Mort accidentellement à l'âge de 33 ans, Yves Chaland (1957-1990) était un extraordinaire pasticheur doublé d'un humoriste grave. *Le Jeune Albert* reste son œuvre la plus personnelle.

Métal hurlant

Ce titre, nourri de culture rock, de science-fiction et d'esthétisme décalé, incarnera mieux qu'aucun autre la fin de la décennie.

C'est dans ses pages que l'on découvrira Jano, Margerin, Yves Chaland, François Schuiten,

Michel Crespin et bien d'autres. Moebius s'y affirme comme un auteur visionnaire et libère l'imaginaire avec *Arzach* puis *Le Garage hermétique de Jerry Cornelius.*

Le mouvement s'accélère et s'éteint

Délaissant *L'Écho,* Gotlib fonde un mensuel d'humour, *Fluide glacial,* où s'épanouiront les talents de Binet, Goossens et Edika, plus tard de Blutch et Larcenet.

L'impertinence de Manu Larcenet en couverture de *Fluide glacial.*

La vénérable maison Casterman entre à son tour dans la lice en 1978 avec le lancement d'*(À Suivre),* qui promeut une bande dessinée aux ambitions littéraires. Cette presse de BD adulte renouvelle profondément la création, accompagnant un lent processus de légitimation culturelle du « neuvième art ».

Fanzines : les deux familles

À côté des magazines proposés par les éditeurs paraissent aussi quantités de petits journaux amateurs, qu'on appelle les « fanzines* ». Les uns (à l'exemple de *PLG*) se vouent plutôt à la création, les autres (*Hop !* ou *Le Collectionneur de bandes dessinées,* qui ont l'un et l'autre atteint le n° 100) à l'exploration du patrimoine ou à l'accompagnement critique de l'actualité. Au tournant du XXIe siècle, cette fonction de commentaire est relayée par de nouveaux magazines professionnels comme *BoDoï, Calliope* ou *Bédéka.*

L'explosion de la BD pour adultes tend à reléguer dans l'ombre la BD enfantine traditionnelle. Les nouveaux talents sont attirés par cette presse plus libre, tandis que la création pour enfants se renouvelle plus difficilement.

Des albums pour toutes les saisons

Le nombre d'albums croît très rapidement à la fin des années 1970. Le livre supplante la presse comme support de référence de la bande dessinée.

Une production pléthorique

Portés par un marché euphorique, les éditeurs de journaux se mettent à publier beaucoup plus d'albums* que par le passé. Au début des années 1980, jusqu'à 600 nouveautés paraîtront chaque année en langue française. Plus de 30 millions d'exemplaires seront vendus en 1983, année record. Les éditeurs structurent leur catalogue en collections, selon le genre ou le public visé.

Les librairies spécialisées

C'est peu avant 1970 que les premières librairies de BD ont ouvert leurs portes à Paris. Quinze ans plus tard, un réseau de près de 150 librairies couvre la France. Ces spécialistes entretiennent le fonds, permettent aux petits éditeurs d'écouler des titres plus pointus, à tirage souvent limité, et encouragent le développement de produits satisfaisant les bibliophiles (sérigraphies*, ex-libris, portfolios*, tirages de tête*). Exposés à une concurrence croissante

---

Ceux qui écrivent

Les scénaristes à succès des années 1990 sont Jean Van Hamme (*Thorgal*, *XIII*, *Largo Winch*...), Raoul Cauvin (une foule de séries chez Dupuis) et, dans une moindre mesure, Alexandro Jodorowsky, révélé par sa collaboration avec Moebius (*L'Incal*).

---

domaine français   les *comics*   aujourd'hui

L'État aide la BD

Au Centre national du livre, une « commission bandes dessinées » accorde des aides à l'édition et des bourses à certains créateurs.

des Fnac et des hypermarchés, ils ne résisteront qu'en s'ouvrant aux objets dérivés, puis aux mangas*.

L'aventure Futuropolis

L'une des premières librairies spécialisées, Futuropolis, se lance dans l'édition en 1974. Animée par Étienne Robial et Florence Cestac, Futuropolis ne publiera que des albums et presque exclusivement en noir et blanc.
À côté d'exhumations importantes (classiques français comme Calvo ou Giffey, classiques américains dans la collection « Copyright »), paraîtront des œuvres novatrices de Tardi, Swarte, Götting, Baudoin et beaucoup d'autres. Au nom de Futuropolis se trouve bientôt associée une image de qualité, d'exigence, d'austérité et de refus des compromis commerciaux.

Les 7 Vies de l'épervier de Juillard et Cothias, succès de la BD historique.

Le règne de l'album

Devenues de simples catalogues de prépublication, les revues seront les premières victimes de la surproduction d'albums. À la fin des années 1980 disparaissent de nombreux titres (*Pilote, Métal hurlant, Tintin, Circus*, etc.). Une majorité d'albums proposent désormais des œuvres inédites, qui ne sont pas passées dans la presse. On observe un certain tassement du marché, malgré des tentatives louables pour redynamiser la création enfantine. Les genres les plus en vogue sont l'humour, le fantastique et la science-fiction, mais aussi la BD historique, popularisée par *Les Passagers du vent* de Bourgeon et par *Les 7 Vies de l'épervier* de Juillard et Cothias.

La bande dessinée, qui depuis le début du siècle était avant tout un phénomène de presse, est redevenue ce qu'elle était *à l'origine : un produit de librairie.

Naissance des *funnies*

La bande dessinée fait son apparition dans la presse quotidienne américaine dans les dernières années du XIXᵉ siècle, et devient ainsi un moyen de communication de masse.

La guerre des journaux

À l'exemple des Anglais, les caricaturistes américains utilisent la bulle* depuis des décennies lorsqu'ils commencent à produire des séquences à nombreuses vignettes. Elles se multiplient dans les journaux humoristiques tels que *Puck*, *Life* ou *Judge* dès les années 1880. Le dessinateur A. B. Frost fixe bon nombre de canons du dessin humoristique. La rivalité entre William Randolph Hearst et Joseph Pulitzer, à l'affût de tout ce qui peut doper les ventes de leurs journaux respectifs, va favoriser l'apparition de la BD dans la presse quotidienne. Le *Yellow Kid* (1895-1896) de Richard F. Outcault ne fut pour ainsi dire jamais une bande dessinée à proprement parler, mais trouva le succès en imposant la présence d'un personnage récurrent. Dès 1897, les *Katzenjammer Kids* de Rudolph Dirks (Pim Pam Poum) réunissent toutes les caractéristiques de la BD moderne.

Dailies et *sundays*

En peu d'années, chaque journal crée un supplément dominical, imprimé au moins partiellement en couleurs, qui propose un choix de bandes dessinées (qu'on appelle alors indifféremment *comics* ou *funnies*). À ces épisodes du dimanche (les « *sunday pages* », en abrégé *sundays*) s'ajouteront dix ans après les bandes quotidiennes, en noir et blanc, qui paraissent en pages intérieures du lundi au samedi (les « *daily strips** », ou *dailies*). Cette formule est inaugurée par Bud Fisher en 1907 avec *Mutt and Jeff*, une série

domaine français | les *comics* | aujourd'hui

Polly et ses parents dans *Polly and her pals*, de Cliff Sterrett.

dont le héros, Augustus Mutt, est obsédé par les courses de chevaux. Les dessinateurs sont bientôt sous contrat avec des agences, les *syndicates*, qui distribuent leur création à travers tous les États-Unis.

Quelques thématiques

Les enfants sont nombreux parmi les héros de cette époque. Hans et Fritz, les *Kids* de Dirks, auront pour rivaux Buster Brown de Outcault (1902), Little Jimmy de James Swinnerton (1904) ou encore Bicot de Martin Branner (1920). Ce dernier n'est en réalité que le petit frère de l'héroïne en titre, Winnie Winkle. Les jeunes filles à marier (telle Polly dans l'éblouissant *Polly and her pals* de Cliff Sterrett) et les démêlés conjugaux (*Bringing up father* de George McManus, ou *Blondie* de Chic Young) inspirent aussi les dessinateurs, de même que le monde du sport.

Le *nonsense*

L'humour absurde et loufoque est partagé par de nombreux auteurs, tels Milt Gross, Bill Holman ou encore Rube Goldberg. Ce dernier se plaisait notamment à inventer d'étranges machines, bricolages compliqués et parfaitement inutiles, qui inspireront de nombreux dessinateurs sur tous les continents.

La BD américaine atteint rapidement une qualité exceptionnelle. Paraissant dans la presse quotidienne, elle touche aussi bien les adultes que les enfants.

Territoires du rêve

À côté de l'humour, le merveilleux, la féerie et le fantastique inspireront l'autre tendance majeure des *comics* de la première génération.

Nemo au pays des songes

Chef-d'œuvre universellement reconnu, *Little Nemo in Slumberland* fait son apparition en 1905. Winsor McCay prête les traits de son fils à son «Petit Personne» qui, chaque nuit, rêve qu'il est appelé par la princesse du Slumberland, la fille du dieu Morphée, et qui se réveille inéluctablement dans la dernière case. Derrière un titre qui fait écho à *Alice in Wonderland* (*Alice's Adventures*) de Lewis Carroll, McCay déploie toute sa science graphique, sa fantaisie visionnaire, son inventivité en matière de mise en page*.

Les inventeurs de formes

Little Nemo est, avec Buster Brown, l'une des vedettes du supplément BD du *New York Herald*. Ce journal emploie un autre dessinateur remarquable : Gustave Verbeek, qui signe notamment *The Terrors of the Tiny Tads* (où il se sert de mots-valises pour forger des espèces animales imaginaires) ainsi que les célèbres *Upside-Downs*. Cette série compte 64 pages qui doivent se lire à l'endroit puis à l'envers, tous les dessins étant réversibles et comportant deux légendes.

Dessins vivants

Pionnier du cinéma d'animation
(il porta lui-même *Little Nemo* à l'écran dès 1911),
McCay devait déclarer en 1927 :
« *Les hommes perdront bientôt tout intérêt
pour les images fixes.* »

---

domaine
français

les *comics*

aujourd'hui

De son côté, Lyonel Feininger, futur peintre de renommée internationale, livre deux superbes bandes dessinées au *Chicago Tribune* en 1906-1907 : *The Kin-der-Kids*, puis *Wee Willie Winkie's World*.

Permanence du merveilleux

On peut rattacher à la postérité de cette «école du *Herald*» une série comme *Barnaby*, de Crockett Johnson (1942). Ce petit garçon n'arrive pas à convaincre ses parents de l'existence de compagnons fantomatiques tel que son parrain-fée gaffeur, Mr. O'Malley, dont le cigare tient lieu de baguette magique. Plus récemment, l'excellente série *Calvin and Hobbes* (1985) de Bill Watterson relatait les jeux d'un petit garçon et de son tigre, animal vivant quand il est vu à travers les yeux de l'enfant et simple peluche pour son entourage.

Le petit monarque

Dans *The Little King* (1931) d'Otto Soglow, le souverain a le don de transformer la vie de cour et les déambulations dans son château en saynètes marquées du sceau de l'absurde.

Le rêve épique

L'imaginaire conquiert de nouveaux territoires en 1929, année qui voit la création de *Buck Rogers* et l'adaptation en bande dessinée de *Tarzan*. Dessiné par Dick Calkins sur un scénario de Philip Nowlan, Buck Rogers est le nom d'un aviateur qui se réveille au XXVe siècle : il s'agit de la première BD de science-fiction. Quant au «seigneur de la jungle» Tarzan, né sous la plume du romancier Edgar Rice Burroughs, il avait inspiré le cinéma dès 1918. Harold Foster s'en fait avec talent l'illustrateur, avant de passer le relais à Burne Hogarth, dont la version baroque et flamboyante fera date.

Les *comics* se plaisent à décrire des situations très quotidiennes qui renvoient les lecteurs à leur propre vie, mais ils savent aussi les dépayser en inventant des mondes parallèles et des personnages fabuleux.

Le temps des aventuriers

Influencée par Hollywood et par les *pulps**, la bande dessinée américaine s'ouvre à des récits d'action, qu'un graphisme plus réaliste contribue à dramatiser.

Gros plans et gros bras

Dès avant *Tarzan*, la série *Wash Tubbs* (1924 ; rebaptisée plus tard *Captain Easy*) avait ouvert la voie. Son créateur, Roy Crane, doit notamment être crédité pour avoir introduit dans les *comics* l'usage du gros plan. Quant à Harold Foster, après avoir abandonné l'homme-singe, il créera en 1937 *Prince Valiant*, majestueuse épopée de chevalerie déroulant ses fastes à la cour du roi Arthur. Son style académique et sa minutie descriptive font merveille dans l'évocation des batailles comme dans les scènes plus intimistes (en effet, le héros se marie, a des enfants, etc.).

Le cas Alex Raymond

Au cours de la seule année 1934, Alex Raymond (1909-1956), dessinateur inconnu jusque-là, crée trois séries qui deviendront toutes des classiques. *Flash Gordon* (en France *Guy l'Éclair*), avec sa fusée, ses monstres, son tyran (l'empereur Ming) et sa pulpeuse héroïne (Dale Arden), s'impose comme l'archétype du *space opera**.

L'explorateur *Jungle Jim* (« Jim-la-Jungle ») s'attaque à tous les trafics dans une nature exotique, tandis que l'*Agent secret X-9*, imaginé par le romancier Dashiell Hammett, fait le coup de poing dans les bas-fonds urbains.

Du côté du Far West

Le western est un autre genre populaire, avec notamment *Red Ryder* de Fred Harman et *The Lone Ranger* de Charles Flanders. Warren Tufts s'impose comme un spécialiste du genre, illustrant notamment *Casey Ruggles* et *Zorro*.

domaine français | les *comics* | aujourd'hui

Flash Gordon a été conçu pour concurrencer *Brick
Bradford* de William Ritt et Clarence Gray (1933),
et *Jungle Jim* pour rivaliser avec *Tim Tyler's Luck*
(*Raoul et Gaston*, 1928) de Lyman Young.

Les déclinaisons du polar

Chester Gould avait, pour sa part, introduit le polar
musclé dans la BD avec son détective *Dick Tracy*
(1931). Un graphisme rude, à tendance expression-
niste, et une formidable galerie de méchants (au phy-
sique souvent monstrueux) et de seconds rôles assu-
reront le succès de l'œuvre. Alex Raymond cultivera
une autre forme de récit policier en 1946 avec
Rip Kirby, détective athlétique mais plus cérébral,
digne émule de Sherlock Holmes. Le maître du polar
parodique sera Will Eisner, dont le prodigieux *Spirit*
date de 1940.

Milton Caniff

Celui qui sera parfois qualifié de « Rembrandt
de la BD » pour sa maîtrise du clair-obscur lance
Terry et les pirates en 1934. Le jeune Américain
parcourt les mers lointaines en compagnie de son
tuteur Pat Ryan, et croise quelques mémorables
femmes fatales. Fleuron de l'« *adventure strip* »,
cette série vaut par ses qualités graphiques exception-
nelles mais aussi par la force des scénarios qui, chose
rare à cette époque, ne dédaignent pas d'approfondir
la psychologie des personnages. Caniff crée l'aviateur
Steve Canyon en 1947. Son disciple Frank Robbins
préside aux destinées d'un autre aviateur,
Johnny Hazard, depuis 1944.

En déclinant
l'aventure sous
toutes ses formes,
les *comics* ont
donné naissance
à une pléiade
de héros sans peur
ni reproche, luttant
sur tous
les continents
contre des vilains
de tout poil,
et, pour certains,
contre les nazis
en 1939-1945.

De Superman à *Watchmen*

Aussi vieux que l'humanité, le mythe du surhomme trouve dans la BD un terrain d'élection. Des héros dotés de pouvoirs surhumains y affronteront des adversaires tout aussi redoutables.

« De Hercule à Siegfried, de Roland à Pantagruel en passant par Peter Pan, le héros doué de pouvoirs supérieurs à ceux du commun des mortels est une constante de l'imagination populaire. »
Umberto Eco

Naissance de l'homme d'acier

La BD américaine se dote dans les années 1930 d'un nouveau support autonome: le *comic book**. Superman, né de l'imagination de deux anciens camarades d'études, Jerry Siegel et Joe Shuster, apparaît dans le premier numéro d'*Action Comics* en juin 1938. Dès l'année suivante, le champion d'origine extraterrestre (il vient de la planète Krypton) a son propre *comic book*, vendu à 1 250 000 exemplaires! Les superhéros vont très vite se multiplier et éclipser la plupart des autres genres.

Le souci d'expliquer
Les superpouvoirs ont toujours une explication: origine extraterrestre ou divine, magie, radiations cosmiques, accident de laboratoire, etc.

Le principe de double identité

Tous les superhéros, cependant, ne sont pas dotés de pouvoirs surhumains. Certains sont des hommes normaux qui, par un entraînement spécial, ont développé au maximum certaines facultés. Créé en 1939 par Bob Kane et Bill Finger, Batman en fait partie. Play-boy millionnaire le jour, il endosse son costume de chauve-souris la nuit, et fait régner la justice dans les rues de Gotham City. Superman aussi a une double identité: même sa future fiancée Loïs Lane ignorera longtemps qu'il n'est autre que son collègue, le pâle journaliste Clark Kent.

domaine français | les *comics* | aujourd'hui

Les champions de l'Amérique

L'apparition des superhéros coïncide avec le moment où l'Amérique se relève de la crise économique des années 1930 et voit monter le péril d'une guerre mondiale. Les superhéros doivent redonner confiance aux Américains dans leur capacité à surmonter les périls intérieurs et extérieurs. Le costume de Captain America (1941) est taillé dans la bannière étoilée. Les superhéros les plus populaires se regroupent pour travailler en équipes : la *Justice Society of America* réunit dès les années 1940 The Flash, Hawkman, Green Lantern, Wonder Woman, etc.

Le roi Kirby

Déjà créateur de *Captain America* avec Joe Simon, Jack Kirby revitalisera un genre en perte de vitesse au début des années 1960. Associé au scénariste Stan Lee, il multiplie alors les créations : *The Fantastic Four* (*Les Quatre Fantastiques*), *Thor, The Hulk, X-Men,* etc. Kirby devient le dessinateur vedette de la Marvel, le plus important éditeur de *comic books*. On le surnomme « the King of comics » et son style puissant et spectaculaire fait école.

« Qui nous gardera de nos gardiens ? »

Cette citation de Juvénal scande les 336 planches* du chef-d'œuvre d'Alan Moore et Dave Gibbons *Watchmen* (*Les Gardiens*, 1986-1987). Sur fond de conflit nucléaire, ces deux auteurs britanniques revisitent l'histoire politique récente et proposent un formidable thriller paranoïaque, où ils s'interrogent sur les véritables motivations des justiciers masqués, sur leurs rapports ambigus avec la légalité, leur capacité à changer le cours de l'histoire. Publié simultanément, *The Dark Knight*, où Frank Miller représente un Batman vieillissant, procède de la même critique du mythe.

Dans les histoires de superhéros, l'éternel combat entre le Bien et le Mal prend la forme d'un duel de titans.

Les *comix underground*

La satire a aussi droit de cité dans les *comic book*s. Après 1965, la jeunesse américaine, qui rejette la culture officielle, donne naissance à une bande dessinée libertaire et provocatrice.

Les psychédéliques

Certains artistes *underground* comme Victor Moscoso ou Rick Griffin développent un style plus esthétisant que contestataire, et font une carrière importante dans l'illustration.

Dans les marais d'Okefenokee

C'est là, au cœur de la Géorgie, que vivent Pogo l'opossum et ses amis, Albert l'alligator, Howlan' Owl le hibou, Churchy-la-Femme (une tortue), etc. Walt Kelly, qui a fait ses classes chez Disney, leur a donné vie en 1941 dans les *comic books**, mais c'est la série quotidienne qui décrochera le succès à partir de 1948. Œuvre d'une grande richesse, *Pogo* conjugue la satire poétique et sociale avec la poésie, les références littéraires et de multiples jeux sur les codes de la bande dessinée. C'est, après *Krazy Kat*, l'une des premières BD réputées intellectuelles. Des personnalités du monde politique y sont occasionnellement prises à partie.

La bande à Kurtzman

La firme EC (pour «Educational Comics») se rebaptise «Entertaining Comics» en 1950. Aux côtés de *comic books* de guerre et de science-fiction, elle lance une ligne de récits de terreur particulièrement horrifiques. Victimes d'une campagne de presse, ces titres se saborderont en 1954. Mais le même éditeur a entre-temps donné naissance à *Mad*. Sous la direction d'Harvey Kurtzman, Bill Elder, Jack Davis, Wallace Wood et d'autres dessinateurs de premier plan vont en faire le plus grand magazine d'humour et s'attaquer à tous les tabous de la société américaine.

Scandale à San Francisco

Le mouvement *underground* se développe sur la côte Ouest à partir de 1966. Les «hippies» prônent la légalisation de la drogue et une grande partie de la jeunesse s'oppose à l'engagement américain au Vietnam. Dans ce contexte, de jeunes dessinateurs (les enfants de *Mad*) créent leurs propres «*comics*», vendus d'abord à la criée, où ils s'adonnent à toutes les provocations, rompant avec le «bon goût» de la BD traditionnelle. Le sexe, l'écologie, la politique, la dope et la musique sont les thèmes de prédilection de Robert Crumb (*Fritz the Cat*, *Mister Natural*), Gilbert Shelton (*The Freak Brothers*), Vaughn Bodé, Spain Rodriguez, Kim Deitch, etc.

Underground pas mort

Contrairement à ce qui est souvent prétendu, ce mouvement ne s'est pas éteint, même si ses principaux animateurs se sont assagis. Des éditeurs importants, comme Denis Kitchen, en sont issus, et nombre de dessinatrices sont venues à la BD par le biais de l'*underground*. L'homosexualité a cessé d'être un sujet tabou. Crumb et Spiegelman ont animé des revues remarquables (*Weirdo* et *Raw*), tout en poursuivant leur œuvre personnelle. En France, en Hollande, en Espagne, l'influence de l'*underground* a profondément contribué à libérer l'expression.

Un vent de liberté souffle sur la bande dessinée américaine. Le refus des valeurs traditionnelles donne naissance à des œuvres où l'expression personnelle atteint souvent une grande force.

À l'heure des mangas

Longtemps restés à l'écart de l'histoire officielle de la bande dessinée, et inconnus des lecteurs occidentaux, les mangas (BD japonaises) ont effectué, au tournant des années 1990, une percée spectaculaire sur le marché américain puis européen.

L'empire de la BD

Née au début du XXᵉ siècle, la bande dessinée japonaise a pris son essor après la Seconde Guerre mondiale. Le principal artisan de son succès est Osamu Tezuka (1926-1989), appelé plus tard «le dieu de la BD». Son œuvre est gigantesque; on en retiendra surtout *Tetsuwan Atomu* (alias *Astro Boy*), *Jungle Tatei* (*Le Roi Léo*) et *Hi no Tori* (*L'Oiseau de feu*). D'abord humoristique, la bande dessinée se fait plus réaliste avec l'apparition du genre «gekiga» à la fin des années 1950. Éditées sous forme d'albums* de petit format et en noir et blanc, les séries sont prépubliées dans des hebdomadaires pour garçons, pour filles ou pour adultes. Le plus fort tirage est celui de *Shukaï Shônen Jump*, lancé en 1968; il dépasse aujourd'hui les six millions d'exemplaires.

Une autre bande dessinée?

La production de mangas*, qui obéit à un rythme industriel (avec ses assistants, un dessinateur livre au minimum 20 pages par mois), est très diversifiée. La science-fiction, le gangstérisme, le sport, l'histoire, la nature, la vie au lycée ou en entreprise, l'amour (romantique ou plus pimenté) fournissent les thèmes principaux, mais aucun sujet n'est ignoré. La narration est très découpée, les scènes beaucoup plus étirées que dans la tradition franco-belge ou américaine. Les lignes suggérant le mouvement, les onomatopées* omniprésentes, la mise en page* parfois éclatée,

D'où vient le terme?

Le terme «manga» a été forgé au XIXᵉ siècle par le grand artiste Katsuhika Hokusaï. On peut le traduire par «image dérisoire» ou «image irresponsable». Il désigne à la fois la BD, le dessin de presse et le cinéma d'animation. Les dessinateurs sont des mangaka.

domaine français | les *comics* | aujourd'hui

les répétitions de détails composent une esthétique qui privilégie l'impact visuel.

Le phénomène manga en France

La traduction d'*Akira*, grand récit de science-fiction post-apocalyptique de Katsuhiro Otomo, donne en 1990 le coup d'envoi à une vague de traductions, qui s'accélère notablement à partir de 1995. Aujourd'hui, les mangas « font » un tiers du chiffre d'affaires de la BD en France (plus de 500 volumes ont été traduits pour la seule année 2003), et constituent la littérature illustrée préférée des préadolescents. Parmi les séries plébiscitées, citons *Appleseed* de Masamune Shirow, *Crying Freeman* de Ryoichi Ikegami, *Dragon Ball* d'Akira Toriyama, *Ikkyû* de Hisashi Sakaguchi, *20th Century Boys* de Naoki Urasawa, ou encore les créations du collectif féminin Clamp.

Cette trilogie est l'un des chefs-d'œuvre d'Osamu Tezuka.

Vers un changement de perception

Si nombre de classiques de l'histoire du manga demeurent inédits, le succès critique et public de l'œuvre intimiste de Jirô Taniguchi (*L'Homme qui marche*, *Quartier lointain*, *Journal de mon père*) a ouvert une brèche. Les éditeurs (par exemple Casterman avec *Sakka*) créent des collections de « mangas d'auteur », cherchant à prouver que la BD japonaise peut être adulte et créative. Ego comme X, pour sa part, révèle Yoshiharu Tsuge, chef de file de la BD alternative (*L'Homme sans talent*). Frédéric Boilet, dessinateur français vivant à Tokyo depuis 1997, fait office de passeur et signe même un album à quatre mains avec la jeune Kan Takahama.

L'univers des mangas est devenu une culture d'emprunt pour une partie de la jeunesse française, convertie par les séries télévisées. Les adolescents affirment ainsi leur différence. Manquant de références, leurs aînés répondent souvent par une hostilité de principe.

Couleur directe

Depuis une quinzaine d'années, certaines bandes dessinées ont tendance à devenir des bandes « peintes ». Un changement de technique a conduit à une nouvelle conception de l'image, plus picturale.

La tradition du coloriage

Héritière de la caricature, la bande dessinée a longtemps privilégié le trait de contour. Esquissé au crayon, puis repassé à l'encre de Chine, le dessin restait en noir et blanc sur la planche* originale. Le dessinateur réalisait – ou faisait exécuter par un(e) coloriste – la mise en couleurs sur une épreuve séparée, déjà réduite au format de parution, que l'on nomme un « bleu* ». La couleur, le plus souvent en aplat, venait remplir des formes bien cernées, sur le mode du coloriage.

Sous l'œil des peintres

On trouve des clins d'œil à Bacon chez Barbier, des hommages à Hockney ou Matisse chez Loustal, à Hopper et à Bonnard chez Mattotti. Mais en croyant se rapprocher des peintres, beaucoup d'autres versent dans le pompiérisme.

Nouvelles aventures de la couleur

Quelques œuvres directement peintes sur les originaux avaient paru dès les années 1950 et 1960 en Angleterre (*Dan Dare* de Frank Hampson) et aux États-Unis (*Little Anny Fanny* de Harvey Kurtzman et Bill Elder). En France, le premier album* réalisé en « couleur directe » fut *Arzach*, de Moebius (1975). La technique se répandit rapidement, surtout dans les pages de *Métal hurlant* où Nicollet, Jeronaton et Schuiten, notamment, l'utilisèrent. Enki Bilal et Jacques de Loustal furent bientôt les chefs de file de cette nouvelle école.

domaine français   les *comics*   aujourd'hui

À chacun sa palette

Certains dessinateurs, tels que Bilal (*La Trilogie Nikopol*), utilisent des matières dites opaques ou couvrantes, comme la gouache et l'acrylique. D'autres, comme Vink (*Le Moine fou*) ou Michel Crespin (*Troubadour*), préfèrent les matières transparentes, aquarelle ou encres de couleur. Même des auteurs de séries enfantines, comme Yoann (*Toto l'ornithorynque*) ou Cécile Chicault, optent pour la couleur directe. Les Italiens Liberatore

Le Sommeil du monstre inaugurait en 1998 une nouvelle trilogie de Bilal.

(*Ranxerox*) et Mattotti (*Feux*) n'hésitent pas à utiliser feutres de couleur, pastels, couleurs à l'huile, etc. Avec le dernier cité, c'est Alex Barbier (*Lycaons*, *Les Paysages de la nuit*) qui est allé le plus loin dans l'abandon du «dessin BD» traditionnel au profit de compositions plus libres privilégiant les couleurs, la lumière et les matières.

Petites cases et grandes toiles

Pleins feux

À propos de *Feux* (1986), Mattotti exprima un regret : «*Si j'avais été au bout de moi-même, j'aurais dû avoir le culot de faire une histoire sur la lumière ou le changement de lumière...*»

Beaucoup d'auteurs de BD, formés aux arts décoratifs ou aux beaux-arts, avaient commencé par la peinture. De plus en plus nombreux sont ceux qui mènent les deux activités de front, publiant des albums et exposant plus ou moins régulièrement leurs toiles. Tardi, Loustal, Rochette, Bilal, Baudoin, Mattotti et Barbier font partie de ceux-là.

En libérant la couleur, l'image BD a gagné une matérialité nouvelle, et quelquefois trouvé un supplément d'être.

Romans graphiques

La bande dessinée s'écarte de plus en plus souvent des normes de l'album traditionnel, s'autorisant des récits plus amples, aux structures plus complexes.

Court ou long métrage ?

Les éditeurs se sont longtemps réfugiés derrière des arguments techniques ou économiques pour limiter le nombre de pages utiles d'un album* à 44 ou 46. La mise en page* s'étant aérée dans les années 1970-1980 (moindre densité de vignettes* par planche*), il devint de plus en plus difficile de faire

Corto Maltese, toujours un peu plus loin, Hugo Pratt.

tenir les récits dans ces limites étroites. Privilège de la notoriété, Hergé avait naguère pu développer plusieurs de ses intrigues en deux volumes de 62 planches. Ses successeurs optèrent souvent pour des séries limitées de trois, quatre ou cinq albums découpant un cycle romanesque en autant de chapitres. Ainsi des *Passagers du vent* de Bourgeon ou de *La Quête de l'oiseau du temps* de Loisel et Le Tendre.

Les romans (À Suivre)

Hugo Pratt avait ouvert une brèche avec les 163 pages de *La Ballade de la mer salée* (où Corto Maltese fit sa première apparition). Son éditeur français,

domaine français | les *comics* | aujourd'hui

Casterman, ouvrit en 1978 les pages du mensuel (À Suivre) à des récits de grande amplitude. Une collection d'albums vit le jour, significativement intitulés romans (À Suivre). Des œuvres majeures comme *Ici même* de Tardi et Forest, *Silence* de Comès, *Tim Galère* de F'Murr ou *La Fièvre d'Urbicande* de Schuiten et Peeters prouvèrent que des scénarios plus riches pouvaient régénérer la bande dessinée.

> **La BD au goût sauvage**
> « *Avec toute sa densité romanesque, (À Suivre) sera l'irruption sauvage de la bande dessinée dans la littérature* », promettait Jean-Paul Mougin dans l'éditorial du premier numéro.

Des formats nouveaux

Maus, le chef-d'œuvre de l'Américain Art Spiegelman, évoque, à travers les souvenirs du père de l'artiste, le sort fait aux Juifs par les nazis. Cette bande dessinée a été publiée en France par un éditeur littéraire, Flammarion, en deux volumes dont le format était celui des romans (1987 et 1992). Depuis, plusieurs collections ont été créées, qui s'écartent résolument du format album, retournent au noir et blanc, et adoptent une pagination variable. Elles sont surtout le fait de petits éditeurs indépendants comme L'Association, Cornelius, Fremok ou Atrabile, dont les innovations ont été largement imitées. Les mangas* participent à cette diversification des supports.

> « *On peut très bien imaginer une histoire en forme d'éléphant, de champ de blé, ou de flamme d'allumette soufrée.* » Moebius

La liberté de sujet

Tardi, Moebius et Loustal furent parmi les premiers à signer des albums qui ne s'inscrivaient pas dans une série éternellement consacrée au même personnage. Dans la BD actuelle, les séries sont de plus en plus concurrencées par des livres uniques, qui épuisent leur sujet d'un coup. Certaines œuvres ambitieuses s'incarnent dans des livres de plusieurs centaines de pages : ainsi *From Hell*, de Moore et Campbell, *Blankets* de Craig Thompson ou *Conte démoniaque* d'Aristophane.

> La bande dessinée tend à s'affranchir des contraintes qui régissaient la production enfantine, offrant ainsi à ses créateurs une liberté égale à celle des romanciers.

Chroniques du quotidien

À côté de l'humour et de la satire, la BD a longtemps illustré des trames héroïques ou mythologiques héritées du roman populaire. Mais le héros redresseur de torts cède du terrain devant des personnages plus ordinaires.

Les fresques naturalistes

La psychologie restait sommaire tant que le héros se définissait par ses actions plus que par ses problèmes existentiels et affectifs. Des dessinateurs comme Jean Teulé, Jacques Ferrandez, Gibrat (la série des *Goudard* avec Jackie Berroyer), Tito (*Tendre Banlieue*) ou Baudoin ont été parmi les premiers à mettre en scène des hommes et des femmes d'aujourd'hui, dans un contexte quotidien sociologiquement défini. Les *Histoires amicales du Bar à Joe* des Argentins Muñoz et Sampayo pourraient servir de manifeste à ce courant, qui a remplacé le suspense par l'émotion, l'enchaînement des péripéties par la chronique des sentiments.

En marge de la fiction

La BD actuelle explore bien d'autres voies que celles de la fiction. Le reportage dessiné (et l'une de ses variantes, le récit de voyage) a trouvé de nombreux

domaine français   les *comics*   aujourd'hui

adeptes. L'Américain Joe Sacco paie de sa personne, en Bosnie ou en Palestine, pour recueillir des témoignages au cœur des conflits. Philippe Squarzoni signe avec *Garduno* puis *Zapata* deux albums* d'intervention politique, dénonçant la mondialisation néolibérale. D'autres auteurs s'aventurent sur le terrain de la poésie (Anne Herbauts) ou même de la philosophie (Joann Sfar, Martin Tom Dieck).

Images de soi

L'exemple est venu d'Amérique. Justin Green, Art Spiegelman, le scénariste* Harvey Pekar et surtout Robert Crumb ont fait de leur ego le sujet

de leur œuvre. Devenus leurs propres personnages, ils ont introduit le questionnement autobiographique dans la bande dessinée. Le travail de Crumb – une auto-thérapie oscillant entre l'exhibitionnisme et l'apitoie-ment sur soi-même – a exercé une profonde influence. Avec sa femme Aline Kominsky, elle-même dessinatrice, il décrit sa vie de couple dans des BD à quatre mains où chacun se dessine : les *Dirty Laundry Comics*.

Le courant autobiographique

En France, Cabanes (*Colin Maillard*), Baudoin et Wolinski, notamment, ont ouvert la voie à la fin des années 1980, mais ce sont surtout les jeunes dessinateurs travaillant pour la petite édition qui ont fait de la confession dessinée un genre à part entière. Joe Pinelli, Jean-Christophe Menu (*Livret de Phamille*), Lewis Trondheim (*Approximativement*) et Fabrice Neaud (*Journal*) relatent leur vie au quotidien et s'interrogent sur la création. Le public a salué *L'Ascension du Haut Mal* de David B. et *Persepolis* de Marjane Satrapi, récit d'une enfance en Iran sous le régime islamique.

En délaissant l'aventure pour l'évocation des menus faits dont est tissée la vie quotidienne, la bande dessinée démontre qu'elle est un mode d'expression à part entière.

L'exploration du langage

Un regain d'intérêt se fait sentir depuis quelques années pour l'exploration ludique des potentialités formelles du langage de la bande dessinée.

Retour au silence

Les premières BD muettes datent de la fin du XIXe siècle (*voir* pp. 4-5). Marginalisées par l'essor de la bande dessinée narrative classique, elles reviennent en force et n'ont jamais été plus nombreuses qu'aujourd'hui, tant en France que dans la zone d'influence germanique. Avril et Petit-Roulet, Hendrik Dorgathen, Fabio, Thomas Ott, Anna Sommer et Lewis Trondheim, notamment, ont publié des albums* qui ne comportent aucun texte. La narration entièrement visuelle exploite toutes les ressources de la pantomime et conduit souvent à une grande inventivité graphique.

Une fable ingénieuse sur le plat et le relief.

Le trou et le trop-plein

Dans le renouvellement ingénieux des codes de la bande dessinée, le Français Marc-Antoine Mathieu rivalise avec le Britannique Dave McKean.

Le premier signe les aventures absurdes de *Julius Corentin Acquefacques*, et se livre, dans chaque album, à une manipulation du support : livre tête-bêche (réversible), ou découpe au sein de l'une des pages. Avec les dix fascicules du cycle *Cages* (1990-1996), qui voit le peintre Leo Sabarsky découvrir

domaine français | les *comics* | aujourd'hui

les surprises que lui réserve son étrange atelier, le second mêle séquences muettes et dialogues, noir et blanc et couleur, dessin et photographie, en une déconcertante et somptueuse tapisserie.

Un génie nommé Chris Ware

The Acme Novelty Press est le nom d'une revue qui paraît irrégulièrement depuis 1993, sous des formats divers, et dont tout le contenu, depuis les bandes dessinées jusqu'au courrier des lecteurs et aux fausses publicités, est dû au talent d'un jeune prodige américain (né en 1968): Chris Ware. Son album *Jimmy Corrigan*, dans lequel un vieux garçon timide, introverti et névrosé retrouve le père qui l'avait abandonné, est salué internationalement comme une prodigieuse réussite où graphisme, couleur, mise en page*, rythme concourent à produire une nouvelle pictographie des sentiments. Chris Ware devient le nouveau porte-drapeau d'une BD exigeante, mais aussi nourrie d'une conscience très aiguë de sa propre histoire.

> *« La bande dessinée offre la possibilité d'une densité supérieure à celle d'aucun autre média. Quand elle veut concurrencer le cinéma, elle sacrifie son originalité... »*
> **Chris Ware**

La bande dessinée potentielle

Sur le modèle de l'Oulipo (Ouvroir de littérature potentielle), un Oubapo s'est créé fin 1992, consacré à la bande dessinée potentielle, c'est-à-dire la BD née de l'application de contraintes formelles *a priori*. Les membres de l'Oubapo ont publié plusieurs *Oupus* rassemblant leurs travaux, et une quinzaine d'albums personnels fondés sur la répétition des mêmes images (*Moins d'un quart de seconde pour vivre*, de Menu et Trondheim, 1991), la multiplication des points de vue sur une même situation (*Ratatouille*, d'Étienne Lécroart, 2000), l'entrelacement de plusieurs récits (*Les Trois Chemins*, de Trondheim et Garcia, 2000), le palindrome, la démultiplication du protagoniste, et autres règles réjouissantes.

> En jouant avec les codes de la bande dessinée, les dessinateurs multiplient les trouvailles drôles ou étranges, et produisent quelquefois des œuvres très sophistiquées.

Tout est possible !

Les films d'animation et la bande dessinée n'ont cessé de le démontrer : il n'y a pas de limite à l'imagination graphique, et le dessin a le don de faire accepter l'extraordinaire.

Les métamorphoses du corps

C'est une constante depuis Töpffer et son *Mr Vieux Bois* : les corps des personnages dessinés ne cessent de subir toutes sortes d'altérations. Ils grandissent, rapetissent ou se multiplient (comme *Little Nemo*), redistribuent les éléments qui composent leur anatomie (par exemple chez Buzzelli), se rendent méconnaissables par des mutations incessantes (*Bienvenue aux Terriens* de Pétillon), sont investis par un dieu (chez Bilal), voire se transforment en… dessins d'enfants – pour ne rien dire des changements d'âge et des déguisements. Le héros dessiné rappelle ainsi l'arbitraire de son apparence.

Ces animaux qui parlent

Le dessin peut aussi donner la vie à un objet (telle Rosalie, la voiture de Calvo), un légume (le Concombre masqué) ou une partie du corps (le Manu-Manu chez Fred), l'anthropomorphiser, en faire un être vivant à part entière. La bande dessinée a fait fructifier l'héritage de la fable et de dessinateurs comme Grandville en inventant des sociétés d'animaux humanisés (de Krazy Kat à Chlorophylle en passant par Pogo, Patamousse et Pif le chien). Son génie propre s'est aussi manifesté par la création d'espèces imaginaires, tel le merveilleux Marsupilami de Franquin.

Snoopy

Le célèbre chien de Charlie Brown, immortalisé par Schulz dès 1950, a commencé par aboyer et par marcher à quatre pattes. Il s'est progressivement humanisé, puis a cultivé des fantasmes d'identification à un avocat, un cosmonaute, ou un as de la Première Guerre mondiale.

domaine français | les *comics* | aujourd'hui

Du grand spectacle

Pas besoin de Cinémascope, de son Dolby ni d'une débauche d'effets spéciaux: avec ses petites images immobiles, la bande dessinée nous projette dans les univers spectaculaires du western, du fantastique ou de la science-fiction. Les dessins nous captivent et produisent l'illusion d'un monde consistant, habitable. Harold Foster ressuscitait la cour du roi Arthur; les *space operas** d'un Druillet ou d'un Gillon font entendre le silence éternel des espaces infinis…

Avec *La Frontière invisible*, Peeters et Schuiten se posent une nouvelle fois en champions de l'utopie.

> « Avec ma plume et ma gomme, je peux me payer 30 000 figurants et des décors de 14 milliards. Je n'ai qu'à les dessiner… »
> **Philippe Druillet**

Toutes les utopies

Les dessinateurs aiment à se faire démiurges et à engendrer des mondes imaginaires, inventant leur architecture, leur décoration, leur faune et leur flore, sans oublier leur organisation politique, religieuse et sociale. La BD peut rêver d'une ville entière construite par le maître de l'Art nouveau Victor Horta (comme dans l'album *Les Murailles de Samaris* de Peeters et Schuiten), comme elle peut recréer la civilisation celte, Mû ou l'Atlantide. Chronique des temps barbares, l'*heroic fantasy* est un genre dont la vogue dure depuis près de vingt ans, où les auteurs donnent libre cours à leur imagination.

> Il suffit d'une feuille de papier et d'un crayon pour matérialiser, au moyen de la bande dessinée, les plus folles inventions, sans aucune contrainte technique ou financière.

La Magie du dessin

Beaucoup de lecteurs « consomment » la bande dessinée, y cherchant d'abord une histoire qui les divertisse. Il s'agit pourtant d'un art visuel, où il importe aussi de goûter les qualités propres du dessin.

Le refuge de l'art graphique

Naguère considéré comme le premier de tous les arts, et comme la discipline dont devaient par excellence se rendre maîtres les artistes plasticiens, le dessin a été fort malmené au XXe siècle. La peinture, engagée dans l'aventure de l'art moderne, a majoritairement tourné le dos à la figuration, tandis que la photographie supplantait le dessin dans la presse, l'affiche et tous les supports imprimés. Les historiens de l'art s'apercevront peut-être un jour que c'est la bande dessinée, plus qu'aucune autre forme, qui a maintenu vivante la tradition de l'art graphique.

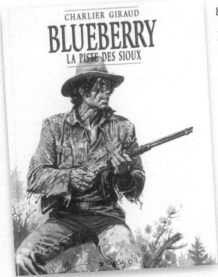

*Blueberry –
La Piste des Sioux,*
Charlier et Giraud.

Diversité des écritures

On a coutume de séparer les dessinateurs en deux grandes familles, les réalistes et les humoristes. Cette opposition un peu sommaire masque l'extraordinaire diversité des styles, qui fait de la bande dessinée une anthologie permanente du dessin dans tous ses états. Si un Juillard et un Schuiten y perpétuent la tradition du dessin classique, beaucoup d'autres,

domaine
français

les *comics*

aujourd'hui

de Franquin à Bretécher en passant par Will Eisner, se sont forgé un graphisme remarquable, une écriture stylisée qui, pour ne plus rien avoir d'académique, n'en relève pas moins du très grand dessin.

Chaque trait a son histoire

Il faut avoir lu beaucoup de bandes dessinées et connaître l'histoire de cet art pour apprendre à reconnaître les filières, les écoles, les influences souterraines qui établissent des passerelles entre dessinateurs de générations successives. On découvre alors que la bande dessinée a sa propre histoire esthétique, dont les ramifications sont passionnantes. À partir du style de Milton Caniff, par exemple, on peut voir comment une branche a donné Jijé, puis Giraud et Mézières, puis Rossi, tandis qu'une autre conduisait à Pratt et Breccia, puis à Comès et Muñoz.

Retour à l'original

Face à la page imprimée, on ne peut pas toujours apprécier le dessin dans sa plénitude. Le contact avec les planches* originales (elles sont de plus en plus souvent exposées) permet une meilleure perception des qualités sensibles du trait, et procure une émotion plus sensuelle. Les ratures aériennes d'un Moebius ou les larges coulées d'encre d'un Baudoin sont soudain rendues à leur vérité. L'original porte souvent aussi des traces de sa genèse : restes de crayonné, collages, corrections à la gouache rendent complice du travail de l'artiste.

Les pouvoirs du trait

Selon le critique d'art Pierre Sterckx, le dessin d'Hergé, apparemment si transparent, mais que l'artiste qualifiait lui-même de cérébral, est de ceux qui conduisent « *aux plus grandes terreurs et aux plus grandes illuminations* ».

« *Il y a deux grandes familles de dessinateurs : ceux qui "labourent", qui poussent leur trait, avec précision, d'une façon préméditée. Et puis ceux qui le "jettent", qui basent leur graphisme sur [...] le non-contrôle.* » **Moebius**

Les premiers dessins publiés de ceux qui sont devenus les plus grands maîtres de la BD étaient souvent d'une grande maladresse. Les exigences des scénarios et la patience d'un artisanat quotidien ont permis l'éclosion de très grands artistes.

L'arsenal de l'humour

La bande dessinée cultive toutes les ressources du comique. Elle a beaucoup emprunté, à la caricature, au cinéma burlesque et à la littérature satirique, mais elle a su aussi développer des formes d'humour spécifiques.

Le comique de langage

Nombre de personnages de BD se distinguent par leur idiolecte, l'emploi particulier qu'ils font de la langue. Les incorrections de Popeye, les lapsus des Dupond et Dupont, le « parler jeune » recréé de Titeuf (« Tchô ! ») ou Agrippine (« les gnolguis »), les perles du maire de Champignac ou l'argot des banlieues parlé par le rat Kebra contribuent fortement à les caractériser.

Certaines bandes dessinées, comme celles de l'humoriste américain Jules Feiffer, ne tiennent que par l'esprit dont témoignent les dialogues.

Une langue à part
« Je ne comprends rien aux garçons » devient, dans le langage d'Agrippine, l'adolescente créée par Claire Bretécher : *« Je capture queud aux gnolguis. »*

La création de « types »

Les caricaturistes du XIXᵉ siècle avaient Joseph Prudhomme, Mayeu le Bossu ou Robert Macaire. La bande dessinée moderne a créé ses propres concentrés d'humanité, des figures ridicules incarnant la bêtise d'une classe ou d'une époque. *Le Beauf* de Cabu et *Les Bidochon* de Binet en sont de bons

À visage découvert
La bande dessinée sait aussi rire d'elle-même. Achille Talon nous introduisait dans les coulisses du journal *Polite*, et Gotlib se représentait en dessinateur mégalomane couvert de gloire.

domaine français   les *comics*   aujourd'hui

exemples. *Superdupont*, de Lob et Gotlib, réussit à être à la fois une parodie des superhéros américains et une satire du Français moyen, dont il arbore les emblèmes traditionnels (béret, moustache, charentaises, etc.) et partage l'esprit cocardier.

L'expressivité graphique

Le corps humain, ses attitudes, ses gestes et ses mimiques, se prêtent à l'exagération bouffonne. Don Martin (naguère vedette du magazine *Mad*) ou Edika tirent des effets irrésistibles des

La nouvelle star des cours de récré transfigure le quotidien en le rendant drôle.

mines ahuries et de la gesticulation forcenée de leurs personnages. Influencé par les films de Tex Avery, Gotlib a lui aussi poussé de plus en plus loin l'exacerbation des postures et des expressions physionomiques – tous deux ayant paradoxalement créé des personnages de chiens flegmatiques et impassibles, respectivement Droopy et Gai-Luron.

Le génie du gag

La forme brève convient à la bande dessinée. Beaucoup de séries humoristiques à succès ne proposent qu'une brève anecdote à chaque livraison. Ainsi de *Mafalda*, *Peanuts*, *Gaston*, *Boule et Bill*, *Titeuf*, *Léonard*, *Les Frustrés* ou *Calvin et Hobbes*. Ces brefs épisodes, variations sur quelques thèmes ou personnages, se terminent par une chute en forme de pointe (mot d'esprit) ou de gag. Le *running gag* (gag à répétition) installe une connivence avec le lecteur. On le retrouve dans les séries aux intrigues plus développées, par exemple chez Goscinny: Assurancetourix est toujours empêché de chanter, le chien Rantanplan comprend tout de travers, etc.

En Europe, aux États-Unis et au Japon, la bande dessinée a d'abord été humoristique, comme si conter une histoire par le biais du dessin impliquait l'exagération ou la satire. Ses thèmes se sont ensuite diversifiés peu à peu.

Bande dessinée et littérature

Ce sujet est source de nombreux malentendus. La bande dessinée est une littérature graphique. Pas un genre littéraire ou paralittéraire, mais un mode d'expression à part entière, dont le discours passe d'abord par l'image.

Une espèce narrative

Il existe un genre narratif, qui suppose chez tous ceux qui le pratiquent la maîtrise d'une certaine technique (caractérisation des personnages, gestion du temps, découpages en scènes, etc.): l'art du récit. Ce genre narratif, qui se confondit longtemps avec la littérature, écrite ou orale, se diversifie désormais en espèces plus nombreuses, dont les différentes formes du récit en images: cinéma, bande dessinée, roman-photo. Chacune de ces formes a sa propre façon de raconter; la bande dessinée procède par séquences d'images fixes, dessinées, qui comportent fréquemment (mais pas obligatoirement) des inscriptions verbales.

Brouillard au pont de Tolbiac, Léo Malet et Tardi.

Le dialogue comme citation

Dans une BD, l'image exprime tout ce qui peut être traduit en termes visuels: personnages, décors, objets, atmosphère, actions… Il n'y a que les échanges verbaux que l'image est impuissante à traduire: ils doivent donc être cités. L'acte de parole est une des nombreuses actions auxquelles se livrent les personnages, mais il passe par un code

domaine français   les *comics*   aujourd'hui

spécifique, qui est celui des mots. Bien qu'il soit écrit, le dialogue remplit, dans la BD, une fonction à peu près identique à celle du dialogue au cinéma. Il ne fait pas de la bande dessinée une variante de la littérature.

Du roman à la BD

De même que beaucoup ont été portés à l'écran, un certain nombre de contes et de romans ont été adaptés en bande dessinée, avec plus ou moins de bonheur.

Le Français René Giffey, l'Italien Dino Battaglia et l'Uruguayen Alberto Breccia s'étaient fait une spécialité de semblables adaptations. Breccia a notamment adapté Lovecraft, Grimm, Edgar Poe et Ernesto Sabato. On retiendra aussi les albums* de Tardi d'après Léo Malet (*Nestor Burma*), la version futuriste de *Salammbô* dessinée par Druillet, l'*Ulysse* de Lob et Pichard d'après Homère, ou encore le *Journal* de Jules Renard lu par Fred et *Cité de verre*, de Paul Auster, adapté par Mazzucchelli.

Détournement de texte

La bande dessinée s'écarte fréquemment de la simple transposition (changement de média) pour s'adonner à la parodie. L'œuvre originale est alors tournée en dérision, subvertie, truffée de gags et d'anachronismes. Après avoir lu *Cinémastock* de Gotlib et Alexis, il devient difficile de prendre *Hamlet* ou *Notre-Dame de Paris* au sérieux. *L'Amant de lady Chatterley* devient tout aussi délirant dans la version du dessinateur britannique Hunt Emerson.

> « L'inclusion des mentions écrites dans un roman-photo pose des problèmes particuliers, que la BD ne rencontre pas. Alors que le lettrage* manuel permet de lier les mentions écrites au dessin, le texte reste toujours un corps étranger, difficilement intégrable, dans une photographie. »
> **Benoît Peeters**

> **Le temps de parole**
> Le texte introduit souvent une durée dans l'image. Quand, à l'intérieur d'une même case, un personnage répond à un autre, chacun vit « à l'heure de sa bulle* ».

> Comme la littérature, la bande dessinée est un produit de librairie, mais elle utilise d'autres moyens pour raconter une histoire, et nous procure dès lors un plaisir de nature différente.

Bande dessinée et cinéma

Ce sont les deux grandes formes du récit en images, tel qu'il s'est développé au XXᵉ siècle. Cousines mais foncièrement différentes, elles n'ont cessé de s'influencer mutuellement.

Le dessinateur incarné

Jack Lemmon, Sami Frey, Jean-Pierre Cassel, Brigitte Fossey, Thierry Lhermitte sont quelques-uns des acteurs qui ont tenu dans un film le rôle d'un dessinateur de BD.

Ne les confondons pas

Le cinéma, septième art, et la BD, neuvième art, utilisent un vocabulaire en partie commun : on y parle de gros plan, de cadre, de découpage, de scénario et de séquence. On ne saurait pourtant définir la bande dessinée comme du cinéma sur papier, car leur langage est essentiellement différent. Pas de mouvement ni de son dans la BD, qui les suggère par des traits ou des onomatopées*. En revanche, l'immobilité de l'image permet au lecteur de s'y arrêter et d'en contempler les moindres détails. Et au lieu d'avoir devant les yeux une seule image (projetée sur l'écran), il en regarde plusieurs, dont la coprésence est orchestrée par une mise en page* quelquefois très inventive.

Influences réciproques

Hollywood coquin

Dans les années 1930 et 1940 fleurirent les « *Eight-pagers* » ou « *dirty comics* », BD pornographiques anonymes, souvent grossièrement dessinées, dont les protagonistes n'étaient autres que Greta Garbo ou Clark Gable.

La bande dessinée d'aventures a subi, dès les années 1930, l'influence d'Hollywood, et continue aujourd'hui fréquemment à imiter des procédés de mise en scène cinématographique. Dans certains genres comme le polar ou le western, les dessinateurs sont obligés de composer avec les stéréotypes que le cinéma a imposés à l'imaginaire collectif. La BD, cependant, a influencé en retour des réalisateurs aussi différents que Spielberg, Terry Gilliam ou Alain Resnais. Le septième art met souvent les auteurs de BD à contribution comme scénaristes, ou pour des interventions graphiques : conception visuelle, scénarimage (*story-board*), décors, affiches.

domaine français | les *comics* | aujourd'hui

De la planche vers l'écran

L'Arroseur arrosé (1895), des frères Lumière, reprenait un gag déjà classique de l'imagerie Quantin, à Paris. Par la suite, la plupart des bandes dessinées célèbres ont été portées à l'écran, de *Superman* à *Tintin*, tandis que les héros de la littérature populaire, tels Tarzan et Zorro, inspiraient simultanément dessinateurs et cinéastes. La BD n'a malheureusement suscité que peu de films de grande qualité. *Popeye* de Robert Altman (1980), *Annie* de John Huston (1982), *Batman* de Tim Burton (1989), *Dick Tracy* de Warren Beatty (1990) ou *Spiderman 2* de Sam Raimi (2004) méritent des mentions spéciales.

De l'écran vers la planche

De Charlot à Laurel et Hardy, les stars du burlesque ont toutes inspiré des bandes dessinées, aux États-Unis mais aussi en France – où *La Petite Shirley*, bande dessinée de Giffey, avait pour héroïne la jeune actrice Shirley Temple. Plus récemment, ce sont surtout les grands films de science-fiction qui ont fait l'objet de *comic books** : *Star Wars*, *Outland*, *2001*, *Alien*, etc. Comme pour la littérature, la BD humoristique s'est plu à parodier les classiques du cinéma. Le magazine *Mad* excellait dans cet exercice, et chez nous Gotlib, Pétillon et Goossens.

Un superhéros prend vie : Spiderman, filmé par Sam Raimi.

L'influence du cinéma sur la bande dessinée et vice versa est constante et féconde, même si leur flirt, quand il devient trop poussé, produit souvent des enfants bâtards.

Profession : dessinateur

Mieux reconnus en tant qu'artistes, les dessinateurs de BD sont de plus en plus sollicités pour mettre leur talent graphique et leur imagination au service d'autres supports.

Pub et BD

Tous les styles de dessin ne conviennent pas aux publicitaires, mais certains dessinateurs sont très demandés. Floc'h et Ted Benoit (adeptes de la ligne claire, choisie pour son classicisme et sa parfaite lisibilité), Bretécher (le croquis vivant et sympa) et Moebius sont de ceux-là. Le dernier cité est parti d'une de ses réalisations publicitaires les plus réussies (*Sur l'étoile : une croisière Citroën*) pour développer une nouvelle série de fiction: *Le Monde d'Edena*.

La campagne télévisée du dessinateur Petit-Roulet pour la voiture Twingo a également fait date.

Auteurs de *Monsieur Jean*, Dupuy et Berberian sont des illustrateurs et affichistes très demandés.

En marge des albums

L'illustration est proche de la bande dessinée ; depuis toujours, les artistes passent aisément de l'une à l'autre. Le style naturellement illustratif de dessinateurs comme Loustal, Dupuy et Berberian ou Killoffer leur vaut de nombreuses commandes de la presse (où les jeunes directeurs artistiques aiment la BD). Certains dessinateurs moins demandés gagnent leur vie en faisant du *story-board*. Les femmes, qui ont plus de mal à publier de la bande

domaine français | les *comics* | aujourd'hui

dessinée (elles seraient environ 7,5 % de l'ensemble
des professionnels en 2003), se voient souvent diri-
gées vers un autre secteur de l'édition, celui des livres
pour la jeunesse.

Les aventuriers du dessin

La conception d'affiches, de
sérigraphies*, de posters est
une autre activité régulière
des auteurs de bande dessinée.
Mais certains s'aventurent
sur des terrains moins conve-
nus, comme la conception de
décors pour des spectacles. Bilal
a signé des décors de spectacles,

Changements d'airs

Le monde de la chanson
aussi a récupéré des transfuges
de la BD, comme Kent
ou encore Cleet Boris
(le chanteur du groupe
L'Affaire Louis Trio).

Druillet la conception visuelle de clips et d'un film
pour la Géode, Schuiten l'habillage de stations
de métro à Paris et à Bruxelles ainsi que l'un des principaux pavillons de l'Expo universelle de Hanovre.

Le passage à la caméra

L'aventure du cinéma a tenté quelques dessinateurs
au cours des années 1980, notamment Régis Franc
et Martin Veyron. Seuls Enki Bilal et Gérard Lauzier
semblent devoir persévérer dans cette voie.
Mais le public ignore souvent que Patrice Leconte,
Jean-Louis Hubert et Caro (le complice de Jeunet)
faisaient de la bande dessinée avant de gagner leurs
galons de réalisateurs.

La bande dessinée
mène à tout
à condition
d'en sortir.
Les collectionneurs
qui suivent
un dessinateur
à la trace ont
souvent de plus
en plus de mal
à recenser toutes
ses collaborations.

Les déclinaisons du succès

Les personnages de bande dessinée
les plus populaires deviennent des figures
familières à un large public, de véritables
idoles dont la notoriété peut être exploitée
de multiples façons.

Les objets dérivés

Le terme *merchandising* (en français: «marchandi-sage») désigne l'utilisation commerciale de ces héros sous d'autres formes que l'album* ou la revue. Les éditeurs vendent des licences permettant leur exploitation par des fabricants d'articles de papeterie, de puzzles, de vêtements, de jouets, de vaisselle, de figurines et autres gadgets. De véritables objets de collection sont aussi produits en séries limitées: plaques émaillées, tapis, sculptures en résine et maquettes en bois laqué, quelquefois très soignés, entretiennent le mythe et satisfont le fétichisme des amateurs.

Les séries télé

Une présence sur le petit écran a un effet démultipli-cateur sur la popularité d'un personnage. Les séries de dessins animés pour la télévision apparaissent donc comme la meilleure des promotions pour une bande dessinée. Ces dernières années, malgré la concurrence des mangas*, la télévision s'est notam-

---

Stratégie de conquête

C'est par le biais de la télévision
(les programmes de dessins animés du samedi matin),
appuyés par des disques et des peluches,
que les Schtroumpfs de Peyo ont conquis le marché
américain au début des années 1980,
alors même que les albums
y étaient inconnus.

---

domaine
français

les *comics*

aujourd'hui

ment emparée de *Tintin*, du *Marsupilami* (d'après Franquin), de *Spirou* (d'après Tome et Janry), de *Chlorophylle* (d'après Macherot), de *Basil et Victoria* (d'après Edith et Yann), des *Sales Blagues de l'Écho* de Vuillemin, et même de *Prince Valiant*,

Les parcs à thème

Tintin, Astérix et les Schtroumpfs ont aussi inspiré des parcs d'attraction ; le rêve y devient presque réalité, grâce à la construction de décors inspirés des albums.

d'après Harold Foster, tandis que les personnages de Bretécher étaient incarnés par des marionnettes.

Le grand écran aussi

La consécration suprême (tant au Japon qu'en Europe) est évidemment de susciter la réalisation d'un dessin animé de long métrage exploité dans les salles de cinéma. Les investissements étant lourds, seules les stars de la BD y ont eu droit : *Tintin, Lucky Luke, Astérix* et, plus récemment, *Corto Maltese*. Le bilan économique est plutôt satisfaisant, le bilan artistique beaucoup plus mitigé. Les enfants aiment, mais les vrais amateurs de bande dessinée font la grimace.

Un patrimoine délaissé

À la différence des romans, les albums de BD n'ont qu'exceptionnellement la chance de vivre une seconde vie au format de poche. Beaucoup de titres disparaissent des catalogues d'éditeurs après quelques années, et n'existent plus que sur le marché de la collection. Les grandes maisons font désormais des efforts pour entretenir leur propre fonds, mais ne se montrent pas intéressées par le riche patrimoine du neuvième art. À bien des égards, la bande dessinée se comporte comme une littérature sans mémoire.

Les héros de bande dessinée connaissent souvent plusieurs vies, grâce au petit ou au grand écran, ainsi qu'aux objets dérivés.

Qui lit quoi ?

Le public de la bande dessinée est plus large et plus segmenté qu'autrefois. Contrairement à une idée reçue, les lecteurs de BD lisent aussi autre chose...

Quelques chiffres

Selon une enquête réalisée au printemps 2003 par TNS Medias Intelligence auprès d'un échantillon de 10 000 Français, 81 % des acheteurs de bandes dessinées ont moins de 50 ans, et les moins de 24 ans restent les lecteurs les plus friands. Le public de la BD est principalement urbain : 48 % des amateurs résident dans une ville de plus de 100 000 habitants (les mieux pourvues, il est vrai, en librairies spécialisées). Toutes les sources attestent que le public de la BD est aussi lecteur de magazines et gros consommateur de biens culturels, en particulier de cinéma, de musées, de DVD et d'Internet.

Haro sur la BD

Le pamphlet le plus virulent jamais publié contre la lecture de la bande dessinée, accusée de pervertir la jeunesse et de la pousser au crime, fut le livre du psychiatre américain Frederic Wertham *Seduction of the Innocent* (1954).

Les filles toujours moins concernées ?

La BD s'est longtemps adressée principalement aux garçons, en dépit de l'existence d'illustrés pour les filles (*La Semaine de Suzette, Fillette, Mireille, Nano et Nanette, Line,* etc.). Le lectorat de la BD contemporaine s'est féminisé ; les mangas* y contribuent, qui proposent des œuvres réalisées par des femmes pour des femmes. Cependant, les rares données récentes disponibles sont contradictoires en ce qui concerne la proportion de lecteurs et de lectrices. L'enquête citée plus haut les donne à égalité, mais *Le Monde* affirmait en janvier 2003 (sans citer de source précise) que les femmes ne représentent encore que 20 % du lectorat de la BD. La vérité doit se situer quelque part dans l'entre-deux. Les filles, en tout cas, ont leurs auteurs de prédilection, parmi lesquels Bourgeon, Cosey, Baudoin ou Manara.

domaine français   les *comics*   aujourd'hui

Petits et grands enfants

À mi-distance de la bande dessinée expressément destinée aux enfants, voire aux tout-petits, et de la BD adulte interdite ou inaccessible aux plus jeunes, une partie importante de la production trouve des lecteurs dans toutes les tranches d'âge. Il y a deux raisons à ce phénomène de la BD dite « tous publics » : liés par un lien affectif, les amateurs restent souvent fidèles aux séries qu'ils ont aimées étant enfants et qui traversent le temps, et la passion de la collection – inscrite dans le principe même de la série – les encourage à compléter les séries déjà présentes dans la bibliothèque familiale. *Tintin*, *Astérix*, *Lucky Luke*, *Les Schtroumpfs* et *Boule et Bill* sont ainsi restés pendant plusieurs décennies en tête des séries les plus populaires. *XIII*, *Largo Winch*, *Titeuf* et *Lanfeust de Troy* ont fini par les rejoindre, non sans un effort de marketing intensif.

Jeunes lecteurs

Toutes les enquêtes démontrent que le goût de la bande dessinée s'acquiert dans l'enfance. Celui qui n'en lisait pas enfant n'en lira pas à l'âge adulte.

Des publics de plus en plus différenciés

Le nombre d'albums* publiés ayant fortement augmenté (il s'établit désormais à plus de 2 000 titres par an), et la création s'étant considérablement diversifiée, il est logique que le public, dans l'impossibilité de tout lire, se soit segmenté. Il y a désormais un public pour les mangas et un autre pour les *comics* américains, un public pour les séries traditionnelles et la BD de genre (*heroic fantasy*, science-fiction, polar), un autre pour les « romans graphiques » de l'édition indépendante. Sans être complètement étanches, ces publics se recoupent assez peu. Ils ne fréquentent pas les mêmes lieux de vente. Les fanzines*, les forums sur Internet, les conventions spécialisées alimentent la constitution de plusieurs sous-cultures.

> Toutes les catégories de population sont désormais concernées par la BD, mais leurs goûts et habitudes diffèrent.

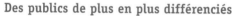

La bande dessinée, objet de collection

La nostalgie qui s'attache aux lectures de l'enfance transforme fréquemment les lecteurs de bande dessinée en collectionneurs. Au marché des éditions anciennes s'ajoute désormais celui des dessins originaux...

Le prix des Soviets

Selon l'édition 2003-2004 du BDM, chacun des 500 premiers exemplaires, numérotés, de l'album *Tintin au pays des Soviets* (1930) vaut aujourd'hui 15 000 €.

Une famille nombreuse

En France, c'est un article de Pierre Strinati paru en 1961 dans *Fiction* qui révéla l'existence d'une première génération de collectionneurs. La plupart étaient issus d'un milieu bourgeois, et s'intéressaient en outre à la science-fiction, au jazz et au surréalisme. Les collectionneurs de BD sont aujourd'hui beaucoup plus nombreux et la surproduction les a obligés à se spécialiser. Désormais, chacun s'intéresse de façon plus particulière à tel auteur, telle maison d'édition, telle «école», tel périodique, ou à telle catégorie de produits dérivés. Petites annonces, bourses d'échanges, conventions et foires aux «vieux papiers» leur permettent d'assouvir leur quête.

La BD a un prix

Régulièrement publié et mis à jour depuis le début des années 1980, un catalogue encyclopédique connu sous le nom de BDM (d'après les initiales de ses concepteurs) et intitulé *Trésors de la bande dessinée* recense toutes les parutions. Il tient aussi lieu d'Argus, attribuant une cote à tous les titres susceptibles d'être recherchés par les collectionneurs.

Les oncles d'Amérique

Aux États-Unis, quelques amateurs ont réuni des collections considérables, comptant jusqu'à plusieurs dizaines de milliers de planches originales. Ils ont assuré la sauvegarde des œuvres de certains dessinateurs.

Ces cotes sont établies par une chambre d'experts et se sont imposées comme référence dans toutes les transactions.

Drouot s'ouvre à Mickey

Les ventes aux enchères de bandes dessinées de collection sont devenues fréquentes à l'hôtel Drouot depuis le début des années 1990. Quelquefois consacrées exclusivement aux déclinaisons innombrables d'un personnage mythique (Tintin, Astérix ou Mickey), elles proposent le plus souvent un échantillon très éclectique de périodiques, albums*, objets et planches* originales. Le marché de l'original est le plus récent et reste pour le moment entre les mains d'une poignée de marchands (libraires ou galeristes).

Les Musées imaginaires
de la bande dessinée
Angoulême
CNBDI

CENTRE NATIONAL DE LA BANDE DESSINÉE ET DE L'IMAGE

À Angoulême, le CNBDI présente ses collections dans le cadre de six « musées imaginaires ».

Aux cimaises du musée

La bande dessinée a aussi désormais ses musées, les principaux étant à Bruxelles, Angoulême, Londres, San Francisco et au Japon. Un patrimoine graphique longtemps négligé est ainsi peu à peu reconstitué, archivé, étudié, et présenté au public. Expositions permanentes et temporaires, publications, bibliothèques spécialisées, ateliers font de ces musées des lieux d'initiation et de plaisir, où le public peut apprécier la bande dessinée dans tous ses états. Certains collectionneurs n'en croient pas leurs yeux : en 1950, ils récupéraient encore fréquemment des dessins originaux dans les poubelles des éditeurs.

Les trésors de la bande dessinée sont sortis peu à peu des greniers familiaux pour alimenter un marché où ils sont âprement disputés par les collectionneurs.

Adresses utiles

• Centre national de la bande dessinée
et de l'image (CNBDI)
121, rue de Bordeaux, 16000 Angoulême.
Tél.: 05 45 38 65 65
Fax: 05 45 38 65 66
« Les Musées imaginaires de la bande
dessinée », expositions temporaires,
ateliers, bibliothèque, centre de
documentation, restaurant, librairie.
www.labd.com

• Centre belge de la bande dessinée
Rue des Sables 20, 1 000 Bruxelles.
Tél.: (02) 219 19 80
Fax: (02) 219 23 76
Musée de la bande dessinée,
bibliothèque, expositions temporaires,
librairie, restaurant.

• Centre national du livre
53, rue de Verneuil,
75343 Paris Cedex 7.
Tél.: 01 49 54 68 68
Fax: 01 45 49 10 21
La Commission d'aide à la création
et à l'édition de bandes dessinées est
aujourd'hui présidée par Florence Cestac.

• Association des libraires
de bande dessinée
Contact: librairie Album,
1ter, rue du Marché,
95880 Enghien-les-Bains.

• École supérieure européenne
des arts et technologies de l'image
134, rue de Bordeaux, 16000 Angoulême.
Tél.: 05 45 92 66 02
Fax: 05 45 94 92 28
Délivre un diplôme national d'art
plastique, option communication,
mention BD.

• École Émile Cohl
232, rue Paul-Fort, 69003 Lyon.
Tél.: 04 72 12 01 01
Fax: 04 72 35 07 67
École privée, délivrant une formation
en BD, illustration, animation
et infographie.

• Institut Saint-Luc
rue d'Irlande 57,
1 060 Bruxelles.
Tél.: (02) 537 08 70
Délivre un diplôme de Graduat
en arts plastiques, option BD.

• La Fanzinothèque
Confort moderne
185, rue du Faubourg-
du-Pont-Neuf,
86000 Poitiers.
Tél.: 05 49 46 85 58
Fax: 05 49 61 30 34
Dépouille et archive
tous les fanzines.

domaine
français | les *comics* | aujourd'hui

• Festival international
de la bande dessinée d'Angoulême
71, rue Hergé, 16000 Angoulême.
Tél. : 05 45 97 86 50
Fax : 05 45 95 99 28
www.bdangouleme.com
La plus importante manifestation
spécialisée d'Europe.
Ce festival se déroule chaque année
au cours du dernier week-end
de janvier.

• Festival de la bande dessinée de Blois
BD Boum, 3 rue Alain-Gerbault,
BP 743, 41007 Blois Cedex.
Tél. : 02 54 42 49 22
Fax : 02 54 42 25 69
Dernier week-end de novembre.

• Quai des bulles
festival de la bande dessinée
et de l'image projetée,
BP 40652, 35406 Saint-Malo Cedex.
www.quaidesbulles.com
Tél. : 02 99 40 39 63
Fax : 02 99 40 39 88

• Festival international
de la bande dessinée
Case postale 707, 3960 Sierre (Suisse).
Tél. : (41) 27 55 90 43
Fax : (41) 27 55 91 01
Première quinzaine de juin.

Glossaire

Album : livre contenant une bande dessinée.

Bédéphile : lecteur passionné de bande dessinée.

Bleu : épreuve tirée au format de parution, où le dessin est reproduit dans un ton très pâle (souvent bleu). La mise en couleurs est traditionnel-lement réalisée non pas sur la planche originale, mais sur cette épreuve.

Bulle (ou ballon, ou phylactère) : espace délimité par un trait, qui renferme les paroles que prononcent les personnages.

Cadrage : choix d'un angle de vue et du plan définissant la grosseur du sujet dans la case (gros plan, plan moyen, plan large, etc.).

Case (ou vignette) : unité de base de la narration en bande dessinée, elle consiste en un dessin encadré, généralement isolé par du blanc, et comprenant (ou non) des inscriptions verbales (bulle ou récitatif).

Coloriste : assistant(e) spécialisé(e) dans la mise en couleurs sur bleu.

Comic book : aux États-Unis, fascicule de bande dessinée proposant un épisode complet ou un chapitre d'une «saga» plus longue. Le *comic book* est un produit de presse, à périodicité régulière.

Comic strip : aux États-Unis, bandes dessinées paraissant dans la presse quotidienne. En semaine, elles se composent d'une seule bande, en noir et blanc (*daily strip*), tandis qu'elles bénéficient le dimanche d'un espace plus important, en couleurs (*sunday page*).

Crayonné : état de la planche avant encrage. Le dessinateur exécute d'abord ses dessins au crayon, les précisant et les corrigeant jusqu'à ce qu'il en soit satisfait. Il les repasse ensuite à l'encre de Chine.

Découpage : distribution du scénario dans une suite de cases qui forment une séquence narrative. Le découpage détermine le contenu de chaque image.

Fanzine : publication réalisée bénévolement par des amateurs. Les fanzines informent sur la bande dessinée et publient des auteurs débutants.

Lettrage : forme des lettres composant le texte placé dans les bulles ou les récitatifs. Action de tracer ces lettres, à la plume ou au Rotring.

domaine français | les *comics* | aujourd'hui

Manga : nom donné, au Japon, à la bande dessinée, mais aussi au dessin d'humour et aux films d'animation. Le terme signifie à peu près : image grotesque, dérisoire.

Mise en page : organisation des cases dans la planche. Définit la forme, la superficie et l'emplacement de chacun des cadres.

Onomatopée : assemblage de lettres imitant un bruit, un son.

Phylactère : *voir* bulle.

Planche : nom donné à une page de bande dessinée. La planche originale est la feuille sur laquelle a travaillé le dessinateur.

Portfolio : emboîtage réunissant plusieurs images d'un même artiste ou autour d'un même thème.

Pulps : magazines américains imprimés sur du mauvais papier et publiant des romans populaires.

Récitatif : espace encadré accueillant un commentaire sur l'action ou une intervention du narrateur. Le terme désigne aussi le texte lui-même.

Scénariste : personne qui imagine l'histoire, et qui fournit au dessinateur le découpage ainsi que les dialogues. Le dessinateur peut être son propre scénariste.

Sérigraphie : procédé d'impression ; l'image produite par ce moyen. À tirage limité, les sérigraphies BD sont des illustrations inédites ou des cases agrandies.

Space opera : catégorie de récits de science-fiction, consistant en épopées galactiques dont les personnages se déplacent de planète en planète au moyen d'astronefs.

Strip : bande horizontale composée d'une ou de plusieurs cases. Le *strip* peut être une unité autonome (voir *comic strip*) ou un « étage » au sein de la planche.

Superhéros : personnage positif doué de pouvoirs supranaturels (ou auquel ses adversaires prêtent une dimension surhumaine).

Tirage de tête : version luxueuse d'un album, imprimée en nombre limité en plus du tirage ordinaire.

Vignette : *voir* case.

Bibliographie

Livres

BÉRA (Michel), DENNI (Michel)
et MELLOT (Philippe),
Trésors de la bande dessinée.
Éditions de l'Amateur, remis à jour
tous les deux ans (dernière édition
1995/1996). À la fois un catalogue
encyclopédique et un Argus indiquant
la cote des pièces de collection.

Cinéma et bande dessinée,
sous la direction de Gilles Ciment,
CinémAction hors-série, Corlet-
Télérama, 1990. Indispensable pour tout
comprendre des relations (historiques,
techniques, artistiques) entre les deux
grandes formes du récit visuel.

GAUMER (Patrick) et MOLITERNI
(Claude), *Dictionnaire mondial
de la bande dessinée*, Larousse, 2001.
Le plus récent et le plus complet

des dictionnaires encyclopédiques
sur le 9e art.

GROENSTEEN (Thierry), *Astérix,
Barbarella et Cie*, Somogy-CNBDI,
2000. L'histoire de la bande dessinée
d'expression française, des origines
à nos jours, illustrée par la collection
du musée d'Angoulême.

GROENSTEEN (Thierry),
Système de la bande dessinée, PUF, 1999.
Une théorie complète et raisonnée
du langage de la bande dessinée,
qui tourne le dos à la sémiologie
traditionnelle.

McCLOUD (Scott), *L'Art invisible*,
Vertige Graphic, 2000.
Quand un jeune auteur américain
livre ses réflexions sur la BD…
en bandes dessinées !
Brillant.

domaine
français

les *comics*

aujourd'hui

MORGAN (Harry), *Principes des littératures dessinées*, L'An 2, 2003. Un livre somme, monstre d'érudition, qui fait le point sur toutes les questions dont débattent les spécialistes depuis des décennies.

PEETERS (Benoît), *Comment lire une bande dessinée*, Flammarion, « Champs », 2003. Une approche claire, intelligente et neuve de questions comme la mise en page et la relation scénariste-dessinateur.

PEETERS (Benoît), *La Bande dessinée*, Flammarion, coll. « Dominos », 1993. Livre de réflexion plus que d'érudition, il ouvre d'intéressantes perspectives pour un renouvellement du média.

TISSERON (Serge), *Psychanalyse de la bande dessinée*, PUF, 1987, et Flammarion, « Champs », 2000. La BD à la lumière de la psychanalyse, par un spécialiste des questions touchant à l'image, auteur de plusieurs essais sur Hergé.

Revues

9e art
Revue d'étude sur l'histoire et l'esthétique de la bande dessinée, coéditée avec le CNBDI (L'An 2, 1-3 rue de Saintes, 16000 Angoulême).

Bang !
Trimestriel d'actualité et de création, Casterman, 36 rue du Chemin-Vert, 75545 Paris Cedex 11.

Le Collectionneur de bandes dessinées
Revue trimestrielle érudite, qui s'attache surtout à l'étude du riche patrimoine de la BD française et internationale. 102 numéros parus. 3, rue Castex, 75004 Paris.

Hop !
Revue trimestrielle qui recense tout ce qui paraît. Un numéro sur deux est un « spécial nostalgie », consacré à l'exhumation de BD anciennes (56, bd Lintilhac, 15 000 Aurillac).

Index des principaux noms cités

domaine français | les *comics* | aujourd'hui

Responsable éditorial
Bernard Garaude
Directeur de collection
Dominique Auzel
Suivi éditorial et secrétariat d'édition
Cécile Clerc
Correction-Révision
Claire Debout
Iconographie
Sandrine Batlle
Maquette
Anne Heym
Couverture
Bruno Douin

Les erreurs ou omissions involontaires qui auraient pu subsister dans cet ouvrage malgré les soins et les contrôles de l'équipe de rédaction ne sauraient engager la responsabilité de l'éditeur.

© 2005 **Éditions MILAN**
300, rue Léon-Joulin,
31101 Toulouse Cedex 9 France

ISBN : 2-7459-1039-6
D. L. janvier 2005
Aubin Imprimeur, 86240 Ligugé
Imprimé en France (P 67777)

Crédit photos

p. 3 : © Lucky Comics, 2004
p. 8 : Hergé - © Rue des Archives
p. 12 : *La Galère d'Obélix* - Goscinny et Uderzo - © Les Éditions Albert René, 1996.
p. 15 : extrait de *Fluide glacial* N° 339 – sept. 2004 © M. Larcenet & Ferri / *Fluide glacial*
p. 17 : *Les 7 Vies de l'épervier* vol. 7, *La Marque du condor* - Patrick Cothias ; ill. André Juillard © Glénat
p. 19 : © 2005 Éditions de l'An 2
p. 29 : © 2003 by Tezuka Productions / Pour l'édition française © Guy Delcourt Productions / Akata
p. 31 : *Le Sommeil du monstre* - Enki Bilal - © Les Humanoïdes associés SAS, Paris
p. 32 : © Cong S.A., 1970 – *Corto Maltese, toujours un peu plus loin,* publié aux éditions Casterman
p. 34 : *Histoires amicales du bar à Joe* – Muñoz et Sampayo © Casterman
p. 36 : *La 2, 333e dimension* de Marc Antoine Mathieu. © Guy Delcourt Productions– Marc-Antoine Mathieu, 2004
p. 39 : *La Frontière invisible,* t. 1 et 2 – François Schuiten et Benoît Peeters © Casterman, avec l'aimable autorisation des auteurs et des éditions Casterman / p. 40 : © Dargaud - Charlier / Giraud – 2004
p. 43 : *Tchô, monde cruel* - Titeuf par Zep © Glénat
p. 44 : *Brouillard au pont de Tolbiac* - Léo Malet et Tardi © Casterman
p. 47 : © Steve Sands/New York Newswire - CORBIS
p. 48 : *Monsieur Jean vol. 6, Inventaire avant travaux* – Dupuy, Berbérian © Dupuis, 2004.
p. 53 : BD à Angoulême © C. Russeil - CORBIS KIPA
p. 55 : Agora Musées imaginaires © CNBDI / C. Janvier